갈등관리

알고 보면 쉽게 풀 수 있다

김두열

KNOWLEDGE COMMUNITY 공동체

프롤로그

4월은 잔인한 달.

T. S. Eliot의 시 The Waste Land(황무지)의 첫 대문이다.

직장인의 4월은 잔인한 달이다. 직장인은 퇴사하기까지 마음속으로 100번 이상 사표를 썼던 경험을 가지고 있다 한다.

슬그머니 일상의 무료함이 나약함으로 느껴지면서, '사표를 쓰고 새롭게 내 인생을 다시 시작해 봐야 하지 않을까?' 하는 생각이 든다.

조금만 지체하면 늦어버릴 것 같은 초조함이 자신을 안달 나게 한다. 배우자에게 그만두고 새 일을 하겠다 말하면 현실적인 분석과 함께 분명 반대할 것이다.

친구와 이야기해도 선뜻 찬동하는 친구는 없다. "하던 거나 잘해!" "나도 하루에도 수십 번 사표를 쓴다. 너 같이 잘나가는 아이가 배부른 소리하고 있네." 이런 반응이 대부분이다.

이런 말을 듣다 보면, 정말 자신이 비정상인가 하는 생각이 든다. 그런 생각을 할 즈음 급여 인상률이 결정되고 5월에는 한꺼번에 급여 인상분이 소급하여 나온다는 전언을 듣는다.

갈 등 관 리
prologue

월급은 마약이다. 1917년부터 몇 년간 로이드은행을 다닌 직장경험으로 T. S. 엘리엇은 저런 명구를 만들었나 보다. 나도 에즈라 파운드처럼 훌륭한 스폰서를 만나면 하늘로 훨훨 날아갈 수 있을 텐데…….

꿈꿔보지만 4월의 태양은 뜨겁고, 황사가 바람에 섞여 날린다. 정확히 번역하면 직장인에게 4월은 잔인하기 짝이 없는 달이다.

이 책은 VLC(Virtual Learning Center)의 요청으로 2000년 갈등관리 WEB과정을 만들어 배움닷컴, 크레듀 등 고용노동부 인증 포스팅서비스 회사를 통해 서비스하면서 SK-Telecom, 롯데쇼핑, KT 등 50여 개 기업의 2만여 수강자들의 과제에 대한 채점을 하면서 6년간 채록한 실제사례를 담았다. 그들의 사생활을 고려해 일반화하였음을 밝힌다.

18년간 SK그룹, 현대차그룹, 삼성그룹, LG그룹 등의 그룹사와 ETRI, 토지공사 등 공기업, 공공기관 등 필자가 진행한 갈등관리과정의 수강자도 대강 5만 명에 이른다. 이 책은 그들에게 다시 한 번 정리된 텍스트를 전달하는 의미도 있다.

나는 회사를 그만둔 후 19년 동안 산업교육강사로서 강의, 프로그램 개발, 컨설팅과 연구용역을 맡아 연구보고를 해왔다. 정확한 직업은 의뢰인 대신 공부하는 '공부대행업'이라는 표현이 정확할 것이다.

현업에서 일하는 사람은 일상이 바빠서 차분히 연구하고 공부할 시간이 나지 않는다. 문제가 생기면 해결할 필요는 있으나 시간이 부족하니 대신해 줄 사람이 필요하다.

그래서 나는 대가를 받고 공부를 한다. 학교와는 다른 시스템이다. 학교는 먼 훗날 소용될지 모르는 학문을 여유롭게 배운다면, 산업교육 현장은 당장 해결할 것을 배우는 것이다.

이 책도 그런 취지로 쓰여졌다. 현장에서 발생하는 갈등을 어떻게 해결할 것인가에 대해 실용적으로 풀어갈 것이다. 자신이 실제 겪은 경우도 있고, 곧 나에게 발생할 경우도 있을 것이다. 공감하면서 습득해 가는 지혜를 체득하기 바란다.

1. 책의 구성

1장. 갈등의 이해 - 갈등이 무엇인지? 갈등에 관한 전반적인 지식을 정리한다.

2장. 갈등의 종류 - 우리가 살아가면서 겪게 되는 모든 갈등과 대응책을 모색한다.

3장. 갈등의 원천 - 갈등은 어디로부터 오는지를 찾고 원천별 대응책을 모색한다.

4장. 갈등의 메커니즘 - 갈등은 어떤 경로를 거쳐 진행되는지 알아보고 과정별 과업을 탐색한다.

5장. 갈등관리 유형 - 자신의 갈등관리 유형을 체크하고 제대로 관리하고 있는지 확인한다.

6장. 갈등관리 Tips - 일상사용하는 효과적 갈등관리 요령을 실용Tip으로 제공한다.

7장. 갈등관리 정리 - 각 장별로 학습한 내용에 대한 질문을 던지며 각자가 정리하게 한다.

2. 책의 효용

두 가지를 목적으로 집필하였다. 갈등관리에 대한 이해를 바탕으로 자신이 갈등에 직면할 때 해결하거나 관리하는 방법에 대한 타인들의 경험을 정리하여 제공하는 유익함과, 아무리 유익해도 보지 않으면 소용없기에 재미를 더하였다.

재미를 추구하는 독자들은 사례를 읽고 재미로 접근하여 이론을 정립하고, 유익을 추구하는 독자는 이해와 습득을 위해 사례를 읽고 자신의 사례에 적용하기 바란다.

3. 책을 보는 방법

이 책은 Whole—Part—Whole전체–부분–전체의 형태로 구성하였다. 각 장 초입에 각 장에 대한 전체 취지와 내용에 대한 개략적인 소개를 하였다.

그 다음으로는 각 부분에 대해 이론–사례 등을 제시하고 정리하였으며, 각 장 마지막에는 각 장의 읽은 내용의 집필의도와 플롯을 한 표에 그려두었다. 보통의 독자는 순서대로 읽기 바란다.

프로젝트를 수행하기 위해 읽는 독자는 말미의 정리표를 먼저 보고 본문을 읽는 게 좋다.

갈등관리 강사가 되고자 하는 사람들은 첫 장과 마지막 장을 자신의 노트에 정리하자.

4. 책 보는 도중에 해야 하는 과업

책은 보고 나서 팔 것이 아니라면 각장 대문에 자신의 생각과 같거나 다른 부분에 대해 적어두자. 시간을 두고 다시 읽어도 의문이 난다면 다른 사람들과 의견을 나눠보자.

5. 책을 다 본 후의 과업

책을 보고 난 후 습득한 갈등관리 방법을 적극적으로 실험하고 실습하여 자신에게 맞는 방법을 찾아보고 주위에 잘하는 사람이 있으면 그들의 방식을 Copying Method로 활용하자.

6. 당부말씀

① 갈등에 직면했을 때 보관해 두었던 이 책을 다시 펼쳐 보시기를 권장합니다.

② 책을 다 읽고 추천할 의향이 있으시면 추천사를 써서 출판사로 보내주시면 2쇄에 추천사로 수록하겠습니다. 책으로 소정의 감사 표시를 하겠습니다.

③ 추천사와 저자에게 전하실 말씀은 vivakdy2@naver.com으로 보내주시면 감사하겠습니다.

갈 등 관 리
c o n t e n t s

2_ 갈등의 종류

3_ 갈등의 원천

4_ 갈등의 메커니즘

5_ 갈등관리의 유형과 갈등해결방법

6_ 갈등관리 Tips

7_ 정리, 확인 Wrap-up

1

갈등의 이해

태풍의 눈이 고요하듯이 갈등 안에서는 갈등이 제대로 보일 리 만무하다.
그렇다고 제대로 된 전략 없이 이리저리 뛰다 보면 상황은 원하지 않았던 결말을 맺게 된다.
1장은 갈등을 전체적으로 조망하기 위해 7꼭지로 나누었다.

1) 갈등의 정의_ 갈등의 어의와 동서양이 갈등을 보는 관점의 차이를 다룬다.
2) 우리 사회는 다른 사람에게 대책 없이 상처를 주는 갈등사회이다.
3) 개인의 심리적 트라우마는 극복할 수 있다. 그 방법을 사례로 배운다.
4) 갈등은 순기능도 있고 역기능도 있다.
5) 변화에 대한 갈등_ 우리 사회는 성공사회에서 행복사회로 변화했다.
6) 신뢰할 수 있는 사람은 어떤 사람인가? 그 사람과 갈등을 토로한다.
7) 갈등의 두 가지 결말_ 갈등은 나에게 달려 있다.

이 장에서는 갈등의 정의와 관점, 실태와 결말을 다룸으로써 갈등을 전체적 관점에서 정리하고 향후 장에서 제공하는 주제에 대한 기초로 사용할 것이다.
1장을 읽고 나서 '갈등은 이런 것이구나' 하는 자각이 생겼으면 좋겠다.

갈 등 관 리
chapter 1

갈등이란 무엇인가

• 갈등을 바라보는 동서양의 시각차이

■ 서양의 갈등

● 서양 관점에서의 갈등 :
양립할 수 없는 것이 서로 충돌하는 전쟁. Win or Lose

갈등을 나타내는 영어 Conflict는 '함께, 같이'라는 뜻의 접두사 Con과 '마찰, 때린다'는 뜻의 flict가 결합한 단어이다. 이를 풀어보면 갈등이란 양립할 수 없는 것이 동시에 부딪히는 상황을 말한다. 양립할 수 없는 것이 부딪히면 어느 하나가 끝장을 본다. 즉, 갈등은 Win-Lose 게임이다. 더 강한 자가 이기고 모든 것을 갖는다. 세상에서 가장 오래된 갈등의 법칙은 전쟁의 법칙인데 전쟁의 법칙 또한 '승자독식 패자배상', 즉 이긴 자는 모든 것을 가지고 진 자는 가진 것을 잃는 것은 물론 미래의 소출까지 제공해야 함을 기본으로 한다.

잠시 18세기 말부터 19세기 초까지 유행한 미국의 권총 결투 장면을 보자. 한 남자가 공개적으로 '내 명예를 지키기 위해 결투를 신청한다'

고 말하고 상대가 받아들이면, 주재자와 증인 각 1명이 참여한다. 성경에 손을 얹고 선서를 할 때 주재자가 말한다. '누가 정당한지 아무도 모른다. 오직 신만이 안다', 'Nobody knows. Only God knows.' 그리고는 두 사람은 등을 맞대고 10걸음 걸어가서 등을 돌려 상대를 향해 총을 쏜다. 이긴 자가 정의가 되고 진 자는 불의가 된다. 신이 판단한 것이다. 그래서 결투의 패자는 말이 없다. 그대로 승복한다. 서양에서 패자는 정당하지 못한 사람이라는 생각이 사고의 근저에 깔려 있다. 미국 초대 재무장관을 지낸 알렉산더 해밀턴 부자가 둘다 권총결투로 목숨을 잃었던 일화는 유명하다. 서양사람들의 관점에서 보면 꼭 이겨야 된다. 오죽하면 이기는 습관 Winning Habit을 가지라고 하겠는가.

● 서양의 갈등 해결 필요성과 조정 : Lose-Lose Game에서 Win-Win Game으로

하지만 갈등 끝에 둘 다 파멸하는 경우도 있다. 이를 Lose-Lose Game이라 한다. 대등한 국가 간에 오랜 전쟁을 하다가는 끝내 두 나라 모두 망하고 마는 것이다. 서로에게 이러한 파괴적인 결과를 피하기 위하여 양자 간 힘이 비등할 때는 전쟁을 회피하고 조정이라는 외교적인 해결을 택하게 되는데, 이러한 해결이 Win-Win Game이다. 결국 국가나 개인이 평화를 이루려면 일정한 힘이 필요하다. 그 힘이 상대가 나와 협상을 원하게 하는 원천이 된다.

제1차 세계대전 이후 독일은 전쟁배상금을 갚다가 살인적인 인플레를 맞이하게 되었다. 이때 히틀러는 '경제난으로 가만히 있다가 굶어 죽으나 한 번 더 전쟁을 하다가 죽으나 마찬가지다'라고 사람들을 선동하여 제2차 세계대전을 일으킨다. 종전 후 높게 책정된 전쟁배상금이 제2차 세계대전의 빌미가 되었다는 학습효과에 의하여 제3차 세계대전이라는 Lose–Lose Game을 미연에 방지하기 위해 미국을 주도로 연합군은 전쟁배상금을 현실적으로 변제 가능할 정도로 책정하였다. 미국은 나중에 서독이 된 연합군 점령지에 나토군 사령부를 만들어 주둔하게 하고 주둔비용을 후하게 지불하고 마셜 플랜을 세워 서독의 경제부흥을 지원하여 라인강의 기적을 만들게 하였다. 독일은 전쟁배상금을 다 갚고 EU 최강국이 되었고, 미국 또한 제2차 세계대전 이후 세계의 패권을 쥐게 되었다Win-Win Game.

● 서양에서의 갈등의 사후처리

동양의 정의는 약자의 보호인 반면, 서양의 정의는 강자의 논리, 즉, 이긴 사람은 정당하다는 논리가 지배한다. 그래서 시인 헨리 롱펠로우는 그의 시 '인생예찬'에서 '말 못하고 끌려 다니는 가축이 되지 말고 싸워 이기는 영웅이 되라!'고 말한다.

서양에서는 갈등의 끝을 명확하게 하기 때문에 같은 갈등이 발생하면 선례에 따라 처리한다. 그 처리가 가혹하고 분명하기 때문에 대개 같은 갈등이 반복되지 않는다. 2014년 4월 '세월호' 침몰사고 같은 상황이 발생되면 관계자의 가혹한 처벌로 다시는 그런 사태가 발생할 싹을 도려내는 발본색원의 처리방법을 선호한다.

■ 동양의 갈등

● 동양의 갈등

동양에서 갈등葛藤은 칡넝쿨이 얽힌 것 같이 어지러운 상태를 말한다. 두 개가 공존하고 얽혀 있다. 누군가가 나서서 이 복잡하게 얽힌 것들을 풀어야 한다. 서양이 끝장을 본다면 동양은 갈등상황의 매듭을 풀고 공존하는 방법을 찾는다. 될 수 있으면 보이지 않게 덮어버리는 것이 좋다. 존재하는 것을 알면서도 문제가 되기 전까지는 외면하는 것이 동양의 이중성이다.

● 동양에서의 갈등 해결방법

동양에서는 갈등이 표출되면 감정을 띠고 증폭되기 때문에 빨리 해결하려고 서두른다. 갈등은 없는 것이 좋고 일단 갈등이 드러나면 시끄럽고 귀찮아지기 때문에 근본적 해결보다는 미봉책을 사용하여 사람들의 관심에서 멀어지기를 꾀한다. 그래서 동양의 갈등은 시간을 두고 그 미봉책의 효과가 사라질 때쯤 되면 다시 발생한다.

● 동양에서의 갈등 사후처리 방안

서양이 재판에 의존한다면 동양은 중재를 추구한다. 이때 중재자는 힘 있고 덕망 있는 사람이며, 양측에 모두 영향력을 행사할 수 있는 사람이다. 만약 그 사람이 개입하였는데도 갈등이 풀리지 않는다면 그 중재자의 체면을 손상되게 하여 중재자가 대리전을 벌이는 형태로 또 다른 형국의 갈등이 진행되기도 한다. 그래서 동양에서는 힘 있는 유력자에게 갈등을 해결해 달라는 민원성 청탁이 끊이질 않는다.

서양은 청탁을 들어주지 않는 것이 맞지만 동양은 민원과 청탁을 잘 해결해야 유력자가 된다. 그래서 서양의 정의는 강자의 논리이지만 동양의 정의는 약자를 보호하는 것이 된다.

큰 사고가 나면 모든 사람이 최고 지도자를 본다. 그를 찾아가 부당함과 억울함을 호소하고 지도자는 당연히 그 갈등을 풀어줄 것이라고 믿고 있다. '세월호' 사고에서 유족들이 청와대를 찾는 것도 같은 맥락이다.

대통령이 아이들을 못 구하게 한 것도 아니고 왜들 이러냐고 하는 사람들이 많은데 이런 바탕에서 이해하면 된다. 유족들이 서양처럼 문제점을 명확하게 조목조목 따지는 대신 과거로부터 미봉책으로 덮은 적폐로 인해 생긴 모든 사건 사고를 통치자의 부덕의 소치로 돌리는 것이다. 이것도 동양문화권의 지도자가 감내해야할 부분이다.

■ 동서양 갈등의 해결방식 비교

동, 서양 어느 방식이 좋다고는 할 수 없지만 서양은 같은 갈등이 반복되지 않는다. 선례가 있으니 결과가 어떻게 될지 쌍방이 다 명확하게 알게 된다. 따라서 서양에서는 기존의 갈등은 그 선례에 준하여 해결하고 선례가 없는 새로운 갈등은 창조적으로 해결하는 발전적 선순환을 한다.

반면 동양에서는 같은 갈등이 되풀이된다. 동양의 갈등해결은 힘의 논리로 당사자가 끝장을 본 것이 아니기 때문에 유력자가 바뀌고 상황이 바뀌면 유력자의 중재에 의해 잠시 해결된 것처럼 보인 잠복되어 있던 갈등이 다시 등장하는 것이다. 동양에서는 갈등을 드러내고 까발리는 것보다 덮어두는 것이 좋다고 생각하여 큰 사건 사고가 나도 덮어버리려고 한다. 각종 재난과 사고 그 근저에 있는 사회 부조리들을 추적하여 뿌리 뽑기보다는 사람들의 관심을 다른 데로 돌리거나 잊혀지기를 기다린다.

코레일의 파업, 의사협회의 파업, 언론사의 파업 등은 계속해서 힘의 균형에 따라 반복된다. 계속 반복되다 보니 갈등은 언제나 존재하는 것이고, 갈등을 잘 무마하거나 타개해 나가는 것이 좋은 리더라는 생각을 갖게 한다.

동양의 갈등은 시간이 해결해 준다는 생각이 강하다. '상황만 바뀌면 판을 뒤집을 수 있다'는 생각이 지배적이다. 그래서 상황이 바뀌기를 꿈꾸고 노력하는 사람들이 많다.

동양은 세상이 바뀌기를 바라지만 서양은 사람이 바뀌기를 바란다. 서양은 각자의 이익을 지키기 위하여 절대적인 가치를 신봉하고 권위를 인정한다면, 동양은 상대적인 가치를 상황에 따라 적용하여 해석하는 명분론을 바탕으로 갈등을 해결하는 데 주력하고 있다.

■ 갈등해결 태도

'악법도 법이다'라고 말하고 사형을 피할 수 있음에도 죽어간 소크라테스의 행동에서 전제를 긍정하는 사고 방법을 본다. 전제를 부정하면 그 전제에 의해 성립된 모든 행위들이 부정된다. 삼라만상이 부정되는 것이다. 서양의 법 감정과 준법정신은 전제긍정에서 출발하였고 동양의 상황적 사고방식은 세상이 바뀌면 법 자체도 잘못되었다고 생각하고 잘못된 전제에서 출발한 모든 것을 부정하게 된다. 서양은 전제긍정에 의해 그 전제하에 발생하는 문제를 해결하기 위해 잘못된 전제를 찾아 혁명적으로 해결하는 문제해결방식이 그 사회를 이끌었고, 동양에서는 전제를 고수하려는 세력과 전제를 부정하는 세력이 부딪혀 세상을 바꾸어 간다. 서양은 문제해결, 동양은 새판짜기로 사회가 발전한다. 우리나라는 동양이다. 우리나라에서는 갈등의 양상이 힘의 향배에 따라 어떻게 변화할 것인지 예의 주시해야 한다.

우리 사회는 다른 사람의 삶에 불쑥 뛰어드는 갈등사회이다

우리나라 사람은 타인의 삶에 너무 관심이 많다. 그 지나친 관심이 상대의 자존심을 건드리는 결과를 가져오고 지나친 관심 때문에 억울하게 당하는 사람들의 상처는 너무나 크다. 그런 면에서 보면 우리 사회는 집단 콤플렉스에 사로잡혀 사는 사회인 것 같다.

모 대기업 부장 K씨는 고교 시절 공부를 매우 잘하였으나, 가정 형편상 대학진학을 못하고 고등학교 졸업 후 바로 직장에 들어갔다. 그는 대학 나온 사람들보다 열심히 일했고 영어도 잘하여 해외 프로젝트를 위해 팀을 짜면 스카우트 1순위 인재였다. 그는 가난했으므로 열심히 일하였고, 주위의 일류대학을 나온 사람들보다 더 열심히 일을 배웠으며, 그는 사내에서 토익 시험을 치면 1등을 놓치지 않았다. 그는 계속 해외근무를 지원하여 월급과 수당을 저축했고, 아내는 그 돈으로 재테크를 하여 많은 돈을 모았다.

그는 선임부장이 되던 해, 서울 강남 부자들이 사는 동네에 아파트를 샀다. 아들이 서울대학교를 다녔기에 학교와 가까운 데로 이사를 한 것이었다. 그는 이사 와서 사람들을 사귀기 위해 그 아파트 단지 피트니스센터에 등록했다. 착실하게 운동을 다니던 어느 휴일 날 그는 같은 주민들이 모이는 커뮤니티센터의 와인파티에 참석했다. 그때 함께 자주 운동을 하며 낯을 익힌 비슷한 또래의 한 주민이 여러 사람들이 있는 가운데서 그에게 이렇게 물었다. "몇 학번이세요?" 이 말에 그는 매우 당황했다. 잠시 침묵이 흘렀고 거짓말을 하지 않는 성격의 그는 "전 대학 안 나왔는데요"라고 대답했다. 이 말을 들은 그 주민은 더 당황했다.

왜냐하면 '그 아파트단지에서는 학벌 자랑하지 말라'는 말이 떠돌 정도로 주민들의 학벌이 좋아서 물어본 사람은 정작 배려하기 위해 학교는 묻지 않고 그냥 학번만 물어본 것이었는데 의외의 답에 물어본 사람이 난처하게 된 것이다. 어색한 침묵이 흘렀다.

그날 이후 남의 말하기 좋아하는 사람들의 입을 타고 이 말이 바람처럼 전해져 모르는 사람이 없게 되었다. 그전까지 친하게 지내던 사람들이 그때부터 그와 그의 아내를 따돌린다는 느낌을 부부는 강하게 받았다. 그게 자격지심이든 사실이든 그것은 중요하지 않았다.

실제로 따돌림을 받은 구체적인 사례는 없었지만 왠지 어울리지 못할 기류를 느끼며 괴로워하다가 직장동료 외에 다른 사람들과 만나는 장소에 가기 두려운 마음이 생기기 시작하여 새로운 사람을 사귀기가 힘들어졌다고 한다. 급기야 다른 동네로 이사를 가게 되었고, 다니던 교회도, 신실한 신앙생활도 그만두었다 한다. 그 후 그는 누구를 만나면 학번을 물을까봐 마음을 졸여 공황장애라는 마음의 상처를 가지게 되었다 한다.

이런 사례를 보면 우리 사회는 갈등사회이다. 사람을 처음 만날 때 무례한 질문을 거침없이 한다. 아주 사적인 질문들, 키가 얼마에요? 한

덩치 하는데 몇 kg 나가요? 어느 학교 나왔어요? 집이 어디에요? 우리가 아무 생각 없이 하는 질문들이 상대를 난처하게 할 것이라는 생각은 추호도 없이, 거침없이 상대의 심장에 날카로운 화살을 쏘고 있다.

이런 사회에 살 때는 강해질 필요가 있다. 대학 안 나온 게 뭐 어때? 국민학교를 중퇴한 故 정주영 회장이 한 말이다. "난 국민학교 중퇴지만 내가 월급 주는 박사가 셀 수도 없소."

르네상스 시대의 천재 레오나르도 다빈치는 책을 쓸 때 첫머리에 "나는 학문이 없는 사람이다"라는 글을 꼭 써 놓았다. 그는 뛰어난 손재주를 가졌기에 그 시대 피렌체의 여느 아이들처럼 어린 나이에 공방에 들어가 일을 했고 그 때문에 대학에 갈 수 없었다.

그 시대 피렌체 주변에 이미 볼로냐 대학, 피사 대학이나 파도바 대학이 있었지만 어렸을 때는 일을 배우기 바빴고 성장해서는 유명해진 까닭에 너무 바빠서 대학에 가지 못해 도토레학사학위가 없었다. 마키아벨리의 경우도 같다. 변호사인 그의 아버지는 학사학위가 있어 변호사가 되었지만, 장남 마키아벨리를 대학에 보내지 않아 그는 학위가 없었다. 그래도 그들은 역사에 길이 남는 업적을 남긴 것으로 아직도 유명하다. 다빈치가 책머리에 써 놓은 글을 어떤 사람들은 콤플렉스로 해석하지만 사실은 자부심을 표현한 것이라고 밝혀졌다. 그는 공식 석상에서 공공연히 학위가 없음을 밝히고 자랑했다는 기록이 있다.

우리가 무시당했다, 부당한 대우를 받았다고 생각하는 것은 방어적 행동이다. 내가 약하기 때문에 상처받기 쉽기 때문에 그렇게 느끼는 것이다. 우리는 심리적으로 강해질 필요가 있다. 상대가 부자든 권력자든 나랑은 상관이 없다. 있는 그대로를 보여준다는 것은 강한 것이다. 더 이상 감출 것도, 자신을 꾸며내어 보여줄 필요도 없을 때 우리는 스스로 강해진 것을 발견하게 된다.

갈등은 그런 의미에서 본다면 모두 자신으로부터 기인한 것이다. 콤플렉스도 자기가 만든 것이고, 좌절도 자기가 만든 것이다.

28살의 도스토예프스키는 1849년 니콜라이 황제 때 사회주의 혁명단체에 가입하여 국가 내란음모를 꾸민 죄로 사형선고를 받았다. 그 당시에는 사형을 집행하기 전에 생을 정리할 시간을 5분 정도 주는 것이 관례였다. 그도 5분을 받았다.

도스토예프스키는 그 5분을 자신이 아는 사람에게 올리는 작별기도에 2분, 같이 죽는 사람들과 작별인사하는 데 2분, 나머지 1분은 눈에 보이는 모든 자연에 감사하는 기도를 하기로 마음먹고 기도를 시작했다.

그가 지난 28년을 소중히 살지 못했음을 후회하며 "내가 만약 다시 한 번만 더 생을 산다면……" 하고 회한의 눈물을 흘리며 기도를 시작했을 때 기적처럼 사형집행이 중단된다. 도스토예프스키는 사형장에서 풀려나 시베리아에서 4년간 유형생활을 한 다음, 5년을 중앙아시아에서 사병으로 근무하고 1859년에 모스크바로 돌아올 수 있었다.

그 후 그는 후세에 널리 영감을 준 불후의 명작을 남겼다. 그의 이런 남다른 체험 때문에 그의 모든 작품에는 신에 대한 경외가 숨어 있다. 죽음을 목전에 둔 그날 이후, 한 번 죽어 본 도스토예프스키의 삶에 대한 태도는 남달리 치열했다.

반면 자신의 삶을 스스로 끊는 사람도 있다. 우리나라는 9년 연속 OECD 국가 중 자살률 1위를 차지했다. 34분마다 한 명씩 스스로 목숨을 끊는 셈이다. 세계 7위의 교역국이며, IT Infra가 세계 최고 수준인 나라에서 이렇게 많은 사람들이 절망하고 스스로 목숨을 끊고 있다. 세상 모든 사람에게 절실한 게 삶인데, 왜 이들은 이런 선택을 하지 않으면 안 되었던가? 생의 절벽에 선 막다른 사람들을 위한 따뜻한 사회안전망은 없는 것인가?

현실적으로 국가가 모든 국민의 갈등을 돌보고 감시하고 해결할 수는 없다. 가장 좋은 방법은 개인이 이런 갈등을 스스로 알고 해결할 수 있는 방법을 배우는 것이다.

무례하게 남의 삶에 뛰어들어 가슴 아프게 하고, 자기와 다르다는 이유로 약자를 따돌리고, 강해지지 않고는 살아가기 힘든 우리 사회는 분명 갈등사회이다.

갈등이란

1) 양립할 수 없는 것이 동시에 부딪히는 난처한 상황
2) 싸움이나 다툼, 전쟁
3) 조직 내에서 첨예한 의견의 불일치나 이익의 불일치
4) 의견충돌로 인한 감정적으로 불편한 상태 등으로 규정할 수 있다.

이 모든 것을 포괄적으로 설명하는 의미는 다음과 같다.

갈등이란 양립할 수 없는 것들이 동시에 부딪히는 난처하고 불편하고 파국적인 상황으로 볼 수 있다.

서양에서는 갈등이 발생하면 끝장을 본다. 동양에서는 같은 갈등이 되풀이 된다. 그래서 우리나라에서는 리더십의 중요 부분 중 하나가 갈등해결능력이다.

개인의 트라우마 극복 사례

나는 10년 전까지 복숭아를 먹지 못했다. 알레르기 때문이다.

내가 어릴 적, 가만히 있어도 땀이 쏟아지게 더운 여름 밤, 아버지가 잘 익은 백도를 사오셨다. 30도를 넘나드는 여름 밤 백열등까지 작열하는 좁은 방에서 우리 네 식구는 옹기종기 모여 아버지가 사온 백도를 먹었다.

백도는 풍부하고 달콤한 과즙과 과육으로 우리 가족들의 허기를 채웠고, 비어 있던 위에 당분이 들어가자 땀이 나기 시작했다. 목에 흐르는 땀을 백도의 얇은 껍질을 벗기던 손으로 훔치니 목이 가렵기 시작했다.

그 시절 세면장이 실내에 없었기에 바로 씻을 수 없어 그냥 견뎠다. 나보다 열 살 위인 누나는 여자라 부지런을 떨며 부엌으로 가 손을 씻은 모양이다. 형과 나는 그날 이후 복숭아만 먹으면 목이 간질거리고 두드러기가 나는 복숭아 알레르기가 생겼다.

형과 나는 복숭아가 나오면 갈등을 했다. '하고많은 과일 중에 왜 하필이면 복숭아야.' 내 결혼식을 위해 가족 상견례를 하던 호텔 정찬에 디저트로 복숭아가 나오자 형과 내가 접시를 동시에 손으로 밀어내고 마주보며 웃었던 기억이 난다.

하지만 지금의 나는 복숭아를 아주 좋아한다. 여름만 되면 30여 년 못 먹은 한을 풀기 위해 우리 집에는 복숭아가 떨어지지 않는다. 어떤 일이 있느냐고?

책을 보고 복숭아 알레르기를 극복했기 때문이다. 보통 알레르기 유발물질에 의한 알레르기와는 달리, 어린 시절 기억으로 인한 알레르기는 뇌 속 기억장치에 각인되어 발생한다.

이것은 어린 시절 자신이 겪었던 갈등의 순간을 극복함으로써 치유될 수 있다. 가장 좋은 방법은 그 일이 있기 이전의 상태로 돌아가는 것이다. 지금은 복숭아를 먹지 못하면서도 과거에는 즐겨 먹었다는 사실을 단초로 출발한다.

먼저 복숭아 향이 들어간 음료를 먹었다. 처음에는 목이 근질거렸다. 이것은 복숭아가 아니라 복숭아 향을 첨가한 것이다 라고 스스로에게 수 없이 이야기하였다. 맞는 사실이니 근질거리던 목이 진정되고 견딜 만했다. 이성이 이긴 것이다.

다음은 복숭아와 비슷한 자두를 먹었고, 다음은 살구, 이런 방식으로 전개해 갔다. 마침내 복숭아가 들어간 과일칵테일 먹기에 성공하였고 다음은 복숭아 통조림을 먹을 수 있게 되었다.

2개월의 연습기간을 거친 뒤 여름이 와서 진짜 복숭아를 먹었다. 신기하게 두드러기가 생기거나 목이 가렵지 않았다. 알레르기가 극복되었다.

이 방식은 내 대학 은사이신 이성호 교수님이 가르쳐 주신 연단공포 Stage fright를 극복하는 방식과 흡사했다. 일대일 대화는 아주 잘 하는 사람이 연단에만 올라가면 연단공포 때문에 한 마디도 못한다.

해결책은 연단공포가 있는 아이를 연단에 서게 하고 그 아이와 가장 친한 아이에게 연단 바로 앞 의자에 앉아 턱을 괴고 이야기를 듣게 한다. 그건 본래 연단공포를 가진 아이와 친한 아이가 자주 하던 일이다. 한 아이는 연단에서 연설을 하게 하고 한 아이는 그 앞 의자에 앉아 고개를 끄덕이며 박수를 친다.

이때 자기 반 아이 중 가장 존재감 없는 아이가 조용하게 문을 열고 들어간다. 이야기하던 아이는 들어온 아이를 본다. '재 별 볼 일 없는 아이 아냐' 속으로 무시하고 말을 계속한다.

그 다음에도 5분 간격으로 한 명씩 들여 보낸다. 그러면 어느새 교실은 꽉 들어차고 연단공포증을 가진 아이는 여러 사람 앞에서 떨지 않고 말할 수 있게 된다.

2011년 아카데미상을 휩쓴 영화, 조지 6세의 실제 이야기인 'King's Speech'도 같은 방법을 선택하고 있다. 그는 어릴 때 사랑을 위해 왕위를 버린 것으로 유명한, 형 에드워드 8세를 편애한 보모의 방치로 인해 스트레스를 받아 위염을 앓았다 한다.

그는 내성적이고 사교적이지 못해 왕자임에도 불구하고 학교에서 왕따를 당했다. 어린 시절 엄격한 아버지 영국왕 조지 5세 때문에 왼손잡이로 태어났으나 오른손잡이로 교정되었고 심하지도 않은 안짱다리를 고통스럽게 교정받았다 한다. 어린 시절 이런 학대받은 기억 때문에 그는 말더듬이 증세를 보이고 있었다.

내가 강의 때 만난 K씨도 사회적으로 매우 뛰어난 그의 아버지가 그의 누나에게는 부드럽게 대했지만 장남인 그에겐 잘 키우겠다는 욕심에 매우 엄격하게 대했다고 한다.

그는 아버지에게 칭찬을 듣기 위해 똑똑하게 보이려고 말을 빨리 하려는 강박관념을 가지고 있었고 그로 인해 말을 더듬었다. 그가 말을 더듬지 않을 때는 팝송을 부를 때였다.

그래서 그는 팝송을 아주 좋아하게 되었고 정통했다. 그로 인해 영어를 잘하게 되었고 대학 시절 치른 영어능력 테스트에서 대학 전체 1등을 하였다.

그는 팝송을 통해 말을 더듬는 버릇을 고치게 되었고 잘하는 영어를 바탕으로 그룹에서 손 꼽히는 실적을 올린 전설적인 상사맨이 되었다.

조지 6세도 노래할 때는 말을 더듬지 않는다는 것을 발견한 언어치료사 라이오넬 로그는 그것을 실마리로 언어치료를 시작한다. 호주 출신으로 전쟁 후 병사들의 심리치료를 보조하면서 언어치료를 배운 라이오넬 로그도 학위가 없고 오직 능력만 있었다. 그 때문에 왕실의 모든 사람이 그를 반대했지만 조지 6세와 그의 현명한 왕비는 그를 존경했고 그의 가르침을 따라 한 결과 명연설을 하게 되었다. 그 후 그는 조지 6세와 계속 함께하였고, '경'이라는 호칭과 작위를 받았다.

나는 K씨와 조지 6세의 이 두 가지 사례가 딱 들어맞는다고 생각했다.

나는 더 이상 복숭아에 대해 갈등하지 않는다. 우리 가족, 친·처가를 막론하고 아직도 내가 극복한 줄 모르는 사람들은 복숭아로 나를 놀린다.

"이게 얼마나 맛있는 건데 이걸 왜 못 먹어? 먹어봐라!" 그러면 내가 도리어 그들을 놀라게 한다. 그들이 내 눈앞에 흔들어대는 포크에 꽂힌 복숭아를 맨손으로 가져다 먹고는 "맛이 정말 좋군요. 장호원 햇사레인가 보죠." 이렇게 말한다. 그때 난 통쾌함을 느낀다.

이 방법은 니체의 초인사상과 일맥상통한다. 우리는 누구나 어린 시절 어머니가 언젠가는 돌아가신다는 사실을 깨닫고 매우 슬퍼한 경험이 있다. 나도 처음 그것을 깨달은 순간 밤새 잠 못 들고 베개를 흥건히 적셔 눈이 퉁퉁 부은 기억이 있다. 하지만 다음 번 그 생각을 할 때는 처음보다는 조금 덜 슬퍼진다. 반복하다 보면 자연스러운 사실로 받아들이게 된다. 강해진 것이다. '권력에의 의지'를 갖게 된 것이다.

네 운명을 사랑하라! 라는 구호는 자신의 모든 것을 있는 그대로 인정하라는 것이다.

어릴 때 각인에 의한 복숭아 알레르기 극복방법은 연단공포 극복법, 말더듬이 극복법과 같은 방법으로 실마리를 잡아 단계적으로 해결한다.

갈등관리
chapter 4

갈등의 순기능과 역기능

갈등은 좋은 것인가 혹은 나쁜 것인가?

이 질문을 받으면 감당하기 힘든 갈등으로 마음고생이 많았던 사람은 나쁘다고 답할 것이며, 갈등을 겪고 더욱 성숙해진 사람은 갈등은 우리의 삶에 자극을 주는 좋은 것이라고 답을 할 것이다.

이와 마찬가지로 갈등에 직면했을 때, 사람들은 각자의 경험에 따라 갈등상황에 다르게 대처하게 된다.

갈등을 극복하고 갈등 전보다 좋아졌다고 느낀 사람은 갈등에 적극적으로 직면하여 해결하려 하고, '씻을 수 없는 상처밖에 남지 않았다'고 느낀 사람은 어떤 식으로든 갈등을 회피하려 할 것이다. 갈등은 개인이나 조직에 자극을 주어 함께 문제를 해결하여 이익이 되기도 하고 압박 스트레스를 주는 요인이 됨으로써 해를 입히기도 한다.

청어와 바다메기의 이야기처럼 적절하게 통제되고 관리되는 어느 정도의 갈등은 집단이나 개인, 조직에 오히려 이롭게 작용할 수도 있다. 사람들이 말을 하지 않으면 어떤 생각을 하는지 모르고 잘 돌아가는 줄로만 안다. 그런데 막상 갈등이 생기고 사태가 발전하여 사안이 커지게 되면 여기저기서 여태까지 참아 왔던 불만이 나온다.

그 볼멘 소리를 듣고 사람들은 자신을 돌아보게 된다. "내가 그동안 주위 사람들에게 너무 무심하였구나!"

요새보다 20, 30년 전이 갈등이 훨씬 많았다. 불합리, 부조리도 많았고 부당한 대우도 비일비재하였다. 하지만 그때는 표현할 수 없었다. 표현할 능력이 없을 뿐 아니라 표현할 장도 없었다.

지금은 인터넷이 그 장을 만들어 준다. 인간답지 못한 행위는 인터넷에 올려 공분을 일으킨다. 반면 옳은 행동은 누군가를 영웅으로 만들기도 한다.

모 대학에서 있었던 일이다. 화장실을 청소하던 아주머니가 우유팩을 치우려 들어보니 내용물이 먹지 않은 새 것이라, 용변 보러 갔다 온 누군가가 다시 가져갈 것이라 생각하고 그대로 두고 청소를 하였다.

그때 어떤 여학생이 우유팩을 치우지 않는다고 아주머니를 심하게 야단치는 말을 했다. 아주머니가 억울해 자초지종을 설명하자 이 학생은 더 큰 소리로 호통을 쳤다.

"청소하고 그런 것 치우는 게 아줌마 할 일이잖아요! 월급을 날로 먹으려고… 치워요 빨리!"

화장실에서 큰소리가 나자 사람들은 몰려들었고 그 광경을 동영상으로 찍은 사람도 있었다. 마음의 상처를 받은 아주머니는 딸아이에게 하소연을 했다.

자초지종을 듣고 아주머니의 딸은 인터넷포털 게시판에 이 상황을 하소연하는 글을 올리게 되고 그 글이 화제가 되니 그때 찍은 동영상도 등장하고 '신상 털기'도 시작되었다.

이 사건으로 인해 다시 한 번 청소노동자들의 인권을 생각해 볼 수 있는 계기가 형성되었다. 물론 사건의 가해자는 한국을 떠나 유학을 갔다는 후문이 있지만 인식의 변화가 시작된 것은 이 갈등 때문이다.

이 사례와 같이 갈등에 직면했을 때 사람들은 종종 평상시보다 더 혁신적이게 된다. 당연하게 생각해 왔던 것들에 대해 다시 한 번 생각하는 계기가 되는 것이다.

청년 실업이 증가하고 88만 원 세대가 늘어나자 직장이 있어야 노조가 있다는 생각을 뛰어넘는 비정규직 노조가 생겼다.

● 갈등은 다양한 심리적 요구들을 만족시킬 수 있다

사람들은 조직이 조용하면 '무소식이 희소식이거니' 하고 모든 것이 잘 돌아가는 걸로 믿지만 그것은 갈등이 잠복하고 있는 것이다.

갈등이 있는데도 오랫동안 표출되지 않고 잠복된 갈등은 어떤 계기로 뇌관에 불이 붙으면 통제할 수 없게 확산된다. 우크라이나의 오렌지 혁명, 이집트의 재스민 혁명 등이 그 사례이다.

우리 가정에서도 이런 혁명이 일어날 수 있다.

갈등이 생기면 사람들은 자기의 의사와 요구를 말하게 된다. 자신의 생각, 느낌, 억울함 등이 표출되는 것이다. 그러면 여태까지 몰랐던 사람들의 심리적 불만들을 알 수 있게 된다. 소통이 시작되는 것이다.

자주 부부싸움을 하는 부부는 그때그때 풀고 이길 때와 질 때를 알아서 이해와 양보에 익숙하다. 하지만 전혀 부부싸움의 경험 없이 30년 만에 처음 하는 부부싸움은 바로 이혼으로 가는 경우도 많다.

그런 면에서 부부는 사소한 일을 쌓아두지 말고 마음속의 갈등을 그때그때 푸는 것이 좋다고 생각한다.

● 갈등은 가치 있는 혁신과 변화를 이끌어 낼 수 있다

주 6일 근무를 주 5일 근무로 줄인 것이나, 또 작업시간을 주 60시간에서 주 48시간으로, 나아가 40시간으로 단축시킨 것들, 군 복무기간을 21개월로 단축한 것도 바로 갈등이 변화를 이끌어 낸 사례들이다.

가만히 있으면 당연한 줄 안다.
자신의 갈등을 당당하게 표현하라!

요즘은 부부가 함께 가사분담을 한다. 가사분담을 둘러싸고 갈등에 빠질 수도 있지만 그 갈등이 부부싸움으로 이어지며, 그 결과 얻어지는 결론이 보다 적절한 가사의 분담이 될 수도 있다.

"2013년은 아무 일도 못하고 백지상태로 지나갔다." 어떤 정치인의 씁쓸한 고백이다. 여야 간의 갈등으로 국정은 마비되었다. 야당 당수는 차가운 날씨에 노숙을 시작하고 철도노조는 파업을 결행하고 양측에서 같은 레일 위로 달려오는 브레이크가 듣지 않는 열차처럼 파멸을 향해 달려갔던 한 해였다.

갈등은 개인과 조직에 수많은 해로운 영향을 끼친다. 노사분규, 사보타주, 농성, 시위, OECD 국가 중 자살률 1위, 알코올 중독자 1위 등이 바로 우리나라 사람들 사이의 갈등이 빚어낸 결과수치다.

사람들이 갈등을 해결하는 방법을 배워야 하는 이유는 바로 이러한 갈등의 해로운 결과들 때문이다.

● 생산성의 저하

대부분의 경영자들은 자신의 시간의 20% 정도를 갈등과 그 여파를 해결하는 데 소모한다고 한다. 이익이나 생산성을 증가시키는 사안에 쓸 시간을 갈등의 해소에 사용해야 하기 때문이다. 하지만 일이 중요하다고 그 갈등을 무시하며 방치하고 해결하지 않으면 정상적인 경영활동은 중단되게 된다. 회사의 갈등이 심각하면 그 결과 실제로 해야 할 일을 못하게 되어 생산성은 더 낮아지게 될 것이다.

그래서 대부분의 리더십 전문서적들은 지면을 따로 할애하여 '갈등의 해결'을 다루고 있다.

● 갈등은 종종 자신의 이익만을 과도하게 주장하여 상대를 타도해야 할 원수나 적으로 만든다

갈등이 시작되면 사람들은 공동목표를 달성하기 위해 협력하기보다는 자신들의 개인적인 이익을 회사 내의 다른 나머지 부문들의 이익보다 우선시하게 된다.

그 과정에서 끼리끼리 모여 힘을 과시하며 서로 대립하게 되는데, 예를 들면 노동조합이 파업을 하면 사측이 대응하여 힘을 과시하기 위해 '무노동 무임금' 원칙을 주장하며 급여를 주지 않고, 경영활동을 못하게 한 노조 전임자들에게 손해배상청구소송을 제기하거나 더 심해지면 아예 직장폐쇄를 해버리는 경우 등이 바로 그것이다.

한국기업이 직장폐쇄를 하겠다 하면 빈말처럼 들리겠지만 다국적 기업은 실제로 직장폐쇄를 감행한다. 2003년 한국 까르푸와 네슬레 코리아가 노조와의 갈등으로 직장폐쇄를 단행했다. 노조는 사측이 한국 기업처럼 속칭 공갈치는 줄로 알았던 모양이다.

서양사람들은 협상을 할 때는 여러 카드를 대안으로 던지지만 일단 결정이 나서 통첩을 하면 반드시 지킨다. 이러한 문화적 차이를 인식해야 한다.

● 개인들 간의 지속적인 갈등은 일부 사람들의 정서적, 신체적 안위를 해칠 수 있다

많은 사람들은 그들의 회사에서 일어나는 격렬한 갈등의 영향으로 정신질환까지 앓게 되는 경우까지 있다. 사람들이 직장을 옮기는 이직 사유가 열악한 처우보다 상사나 구성원 간의 갈등이 이유가 된 경우가 더 많다는 보도도 있었다.

지금은 세상을 떠나고 없는, 선경합섬에 다니던 내 동기 L씨도 직속 상사와의 갈등 때문에 정신질환에 시달리다가 회사를 그만두고 불우하게 살다 사고로 생을 마감하게 되었다.

이상의 일반적인 견해는 우리 자신의 현실과는 차이가 있을 수 있다. 개인의 입장과 처한 현실의 차이이기도 하지만 순기능적인 갈등도 결과로서의 순기능이지 그 갈등 과정에는 고통이 컸을 것이다. 그 고통이 신경증과 불면 과음 폭식으로 이어져 정서적 불안상태를 만든다.

따라서 "갈등의 기간은 짧아야 한다." 세계적 군사 전략가들은 모두 이것을 신조로 하고 있다. 주한 미 사령관을 지낸 콜린 파월 장군도 그의 파월 독트린에서 "군사력의 사용에는 최대한 신중하면서도 일단 분명한 목표가 서면 효과적인 무력으로 단기간에 목표를 달성해야 한다"라고 말한다.

'전쟁은 빨리 끝내라!', '속전속결', '5일 전쟁' 등이 그 사례이다. 사람들과의 갈등도 발생하면 바로 그 자리에서 푸는 것이 고수의 품격이다.

나는 일단 갈등이 생기면 확산을 차단한다. 그 다음 빠른 해결방법을 찾아 해결하고 잊어버려 후일 무용담으로 이어지는 것을 막는다.

갈등은 확산되면 호미로 막을 것을 가래로도 막지 못한다. 밀양 송전탑의 갈등도 초기에 강력한 보상을 제시하여 해결했어야 했는데 시기를 놓친 사례이다. 오랜 기간 계속된 갈등은 아무리 그 결과가 좋아졌다 해도 그때까지 치른 대가가 너무 크기 때문에, 될 수 있는 대로 갈등을 방치하는 것보다 해결하는 자세를 가지는 것이 중요하다.

결론적으로 말하면, 갈등은 좋은 점도 있고 나쁜 점도 있다. 하지만 두 경우 모두 사람들을 지치게 한다. 사람들이 지치면 짜증이 나고 판단력을 상실하여 충동적이고 좋지 않은 결과가 나올 행동을 하게 된다. '잠시만 참았더라면…'이라는 후회를 하는 사람들을 우리는 너무 많이 보았다.

나는 이 책의 내용이 갈등에 현명하게 대처하여 자신을 지키고, 상대를 이해하며 서로가 좀 더 성숙해지는 계기를 만드는 데 일조할 수 있으면 좋겠다. 이 책을 읽고 나서 적어도 자기가 타인에게 갈등을 주지는 않을 것이다.

중요한 것은 자신의 갈등을 스스로 인식하고, 진단하고, 해법을 찾는 자신만의 갈등관리 방법을 터득하는 것이며, 그것은 삶의 지혜를 배우는 것이라고 생각한다.

갈등은 순기능과 역기능을 동시에 가지고 있다.

순기능

가. 갈등에 직면했을 때 사람들은 종종 평상시보다 더 혁신적이 된다.

나. 갈등은 다양한 심리적 요구들을 만족시킬 수 있다.

다. 갈등은 가치 있는 혁신과 변화를 이끌어 낼 수 있다.

역기능

가. 생산성이 저하된다.

나. 갈등은 종종 자신의 이익만을 과도하게 주장하여 상대를 타도해야 할 원수나 적으로 만든다.

다. 개인들 간의 지속적인 갈등은 일부 사람들의 정서적, 신체적 안위를 해칠 수 있다. 갈등의 기간은 짧아야 한다. 갈등발생 즉시 해결이 가장 바람직하다.

나는 타인에게 갈등을 주는 사람이 되지 않겠다.

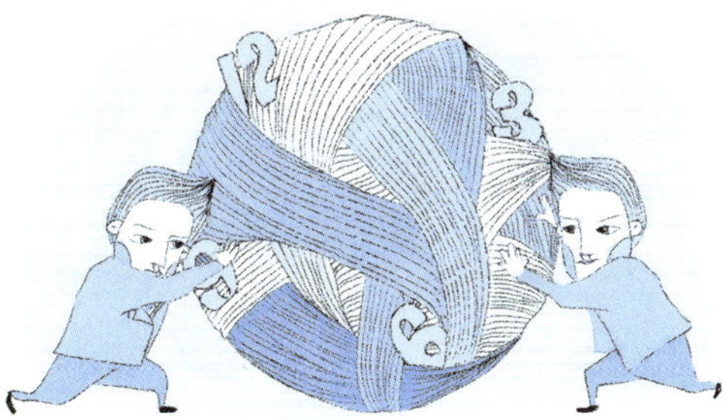

변화에 대한 갈등

• 성공사회에서 행복사회로

직업상 강의를 위해 차를 직접 운전하여 고속도로 톨게이트를 지나는 경우가 많았다. 나는 그때마다 부스 안에서 요금을 수납하는 사람들의 얼굴을 관찰했다. 예외없이 모두가 무표정했다. 눈이 마주쳐도 생기가 없었다.

10여 년 전 읽은 '마음을 열어주는 101가지 이야기'라는 책에서 본 이야기를 하려 한다. 미국 샌프란시스코에 나와 같은 직업을 가진 사람이 베이 브릿지 톨게이트를 지나며 요금을 내는데 그 요금징수원의 부스에서는 경쾌한 탱고리듬의 춤곡이 흘러나오고 그 징수원은 춤을 추면서 요금을 받았다.

그 모습이 너무 인상적이라 오랫동안 뇌리에 사라지지 않았다. 그래서 다음 번에도 그 부스 쪽으로 가서 요금을 내려고 보니 이번엔 프렌치불독 같은 무표정한 사람이 요금을 받았다. 즐겁게 춤추던 그 사람이 아니었다. 몇 번의 시도 끝에 그 춤추던 사람의 근무시간을 맞추어 만나서 인터뷰할 작정을 하고 그 톨게이트로 향했다.

예의 그 징수원은 이번에는 모던재즈의 선율에 맞춰 몸을 흔들며 요금을 징수하였다. 그는 명함을 주고 언제 근무를 마치느냐 묻고, 시간을 내어 얘기를 나누기를 청했다. 징수원은 흔쾌히 승낙했고, 근무가 끝나기를 기다렸다가 톨게이트의 휴게실에서 둘은 만나 이야기를 나누었다. "제가 지나갈 때마다 당신을 보니까 열심히 춤추고 있던데, 왜 당신은 그렇게 즐겁게 춤을 추면서 일을 합니까?"라는 질문을 받은 그 징수원은 이렇게 말했다.

"나는 행복하게 살고 싶어서 춤을 춥니다. 나는 춤을 출 때 가장 행복합니다. 나는 일 년에 몇 번 열리는 주 댄스대회에 참가하여 상금도 많이 탑니다. 저는 음악의 소음 때문에 발생할 수 있는 우리 집 주위 주민들의 불평도 듣지 않고 이 일터에서 마음껏 연습합니다. 우리 시가 나에게 연습실도 하나 주고 일도 주었습니다. 나는 정말 행복합니다. 그런데 저 부스들을 보십시오. 저 부스에 들어가 일하는 내 동료들은 저 부스에 들어가기 전에는 살아있는 사람이었습니다. 그런데 지금은 좀비처럼 정신을 빼버리고 돈 받는 기계로 변신합니다. 4시간이 지나면 저 부스를 나와 다시 사람으로 돌아갑니다. 저 사람들은 하루 두 번 8시간을 정신을 빼고 기계로 죽어 삽니다. 나는 8시간 모두를 내 연습에 사용합니다. 나는 내 근무시간 내내 살아있습니다. 나보다 연습을 많이 하는 사람이 없으니 당연히 대회를 하면 1등 상은 나에게 옵니다. 당신 같으면 하루에 8시간 죽는 삶을 택하겠습니까?"

대강 그런 내용이었다. 이 글을 읽고 나는 정수리를 거대한 망치로 한 대 맞은 것 같은 전율을 느꼈다. 나는 과연 일하는 8시간 살아있는가? 나는 행복한가?

내가 관찰한 우리나라 톨게이트 부스에서는 춤추는 사람을 보지 못했다. 한번은 톨게이트에서 요금을 내면서 징수원에게 물어봤다. "지금 당신은 행복하십니까?" 그 요금 징수원은 '별 미친 사람 다 봤다'는 표정으로 잠시 생기가 돌았다가는 다시 무표정으로 돌아갔다. 성공은 객관적 개념이고 행복은 주관적 개념이다.

성공은 남이 성공했다고 인정해야 성공한 것이지만, 행복은 자기가 만족하면 되는 것이다.

삶이 힘들면 성공하려고 노력한다. 빨리 안전지대로 빠져나가야 한다. 나의 생존을 위협하는 요인들로부터 되는대로 빨리 탈출해야 한다. 일단 생존이 급하기 때문에 수단 방법을 가릴 수 없다. 그래서 성공을 위해 비정해지고 비열해지며 비겁해진다. 그런 시대는 갈등의 시대이다. 올바로 살려니 성공할 수 없고 성공하기 위해서는 하고 싶은 일, 하고 싶은 말 대신 주어진 일, 시키는 일을 해야만 하며 내 생각에 맞지 않은 말에도 따라야 한다.

10년 전까지 MBC에 '성공시대'라는 프로가 있었으나 폐지되었다. 왜 폐지되었을까? 답은 간단하다. 시청률이 떨어졌으니까 폐지된 것이다. 성공하기가 쉽지 않은 사회에 역설적인 제목의 프로그램이 외면받는 것이 당연했다. 지식사회의 도래로 그 사람들이 성공한 방식은 모든 사람들이 알고 있다. 그리고 무엇보다 삶은 예전보다 어느 정도는 안전하다. 이제 성공의 열쇠를 알려면 얼마든지 알 수 있는 지식사회이다. 그러나 성공시대에 나오는 주인공처럼 그렇게 비정하게 모든 것을 희생하고 성공하고 싶은 사람이 별로 없다. 우리가 어릴 때 'Boys be ambitious! 소년들이여 야망을 가져라!' 라는 말이 가슴에 멋지게 와 닿았다. 지금은 '네 꿈은 무엇인가? 진정 하고 싶은 것을 하라!' 이렇게 구호가 변하고 있다. 성공을 갈망하는 사회에서 행복을 추구하는 사회로 이행하고 있다. 중국의 석학으로 미국인에게 많은 영향을 주었던 임어당은 미국사회의 악덕을 성공을 위한 지나친 열망으로 보았다. 세계에서 식사시간이 가장 짧은 나라, 성공을 위해 왜 사는지도 모른채 끊임없이 달리는 나라로 미국을 묘사하였다. 중국에서는 터널을 뚫을 때 양쪽에서 뚫는다. 만약 운 좋게 그 터널이 만나면 공기가 단축되어 좋고 만나지 않고 지나가면 쌍굴이 생겨 좋은 것 아니냐는 생각이다. 이 세상의 모든 것은 존재 의미가 있으니 순리대로 사는 것이 좋다고 '생활의 발견'이라는 산문집에서 행복시대를 예견했다. 2014년 5월 현재 다시 우리의 삶이 팍팍해지고 있다. 경제는 저 성장기로 들어섰고 잠재성장률조차 3.5%를 넘지 못한다. 좋아질 상황은 보이지 않고 청년 실업, 비정규직 양산, 다운사이징, 노사분규, 세월호 참사, 지하철 사고의 발생 등 우리 삶을 위협하는 갈등이 다시 우리를 사로잡고 있다. 예전의 갈등은 성공을 열망하는 과정에서 일어난 것이지만 이제 갈등은 행복을 가로막는 것으로 형태가 바뀌어 나를 괴롭힌다.

성공사회에서 행복사회로

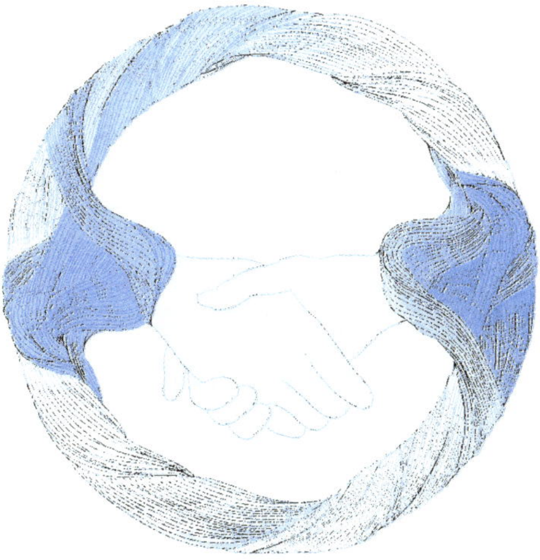

신뢰할 사람과 갈등을 토로한다

• 나는 신뢰할 사람이 있는가?

누구나 갈등은 있다.

혼자 아픈 게 아니다.
누구나 마음 한 구석 어딘가는 아프다.
하소연할 데가 없어 아픈 게 아니다.
자신이 하소연을, 그 하소연의 보따리를 풀지 못해 아픈 것이다.
하소연, 그 실마리를 틀어잡고 있는 내 자랑스러운 무지.
그 무지를 자랑하는 무지. 무지무지하게 싫다.

기업체에서 '갈등관리'라는 교육과정을 진행하면서 제일 먼저 자신은 어떤 갈등을 가지고 있는지 말해보라고 한 명 한 명 호명하면서 물어보면, 예외 없이 모든 사람이 '나는 갈등이 없어요!'라고 답한다.

그런 과정을 거친 후, 4, 5명씩 팀을 만들어 팀장을 정해놓고 시간을

30분쯤 주고 '자신이 지금 겪고 있는 갈등'을 서로 이야기하고, 모두 듣고 정리하여 발표하라 하면, 내면에 있던 갈등에 대한 고백들이 나오는데, 놀랍게도 그 결과물은, 모두가 환경이 다른 사람인데도 불구하고 비슷하게 나온다.

이 과정에서 사람들은 자기의 갈등이 자기 혼자만이 가지고 있는 갈등인줄 알았는데, 자기만 고통받고 괴로워한 것이 아니라는 것을 알게 되고 서로가 동병상련의 마음을 가지게 된다.

이 세상에 상처 없는 영혼이 있으랴? 겉으로 보기엔 전혀 걱정 없어 보이는 사람도 한 꺼풀 벗겨보면 다 고통이 있고, 아픔이 있고, 상처가 있거나 고민이 있다.

그 원인과 계기는 각자 다르지만, 갈등을 겪고 상처받고 해결하는 과정은 동일하게 전개된다. 사람들은 갈등의 결과 좌절하고, 상처받고, 극복한 경험을 누구에게도 선불리 말하지 않는다. 잊고 살았던 그 갈등을 다시 생각하고 싶지 않은 심리적 상처가 있기 때문이다.

소고기를 먹고 체했을 때 육회를 먹고 치료하는 민간요법과 같이 사람으로부터 받은 상처는 사람과 부대끼면서 치유해야 한다. 내가 먼저 상처를 공개하고, 다른 사람의 경우도 듣고, 자기만 아픈 것이 아니었다는 것을 깨닫는 순간 치유가 시작된다.

사람은 누구나 과대망상과 피해망상을 왔다 갔다 한다. 나는 멋지다, 혹은 나는 못났다는 생각을 한다. 자신이 약하다고 생각하는 사람들은 자기를 방어하기 위한 방패가 필요하다. 자기를 지켜줄 단단한 방패를 만들어 사람들이 접근하여 오면 민감하게 반응하며 조금만 거슬리는 말을 해도 상대를 공격하여 물리친다. 그리고 혼자 남는다. 혼자 남아 스스로 외롭다고 느끼고, 그것을 아무도 알아차리지 못하게 하고, 심지어는 자신도 모르게 하기 위해 바쁘게 움직인다.

잡생각을 몰아내는 것은 바쁘게 움직이는 것이 최고다. 하지만 약속을 끊임없이 잡고, 식사하고, 술 마시고, 수다 떨고 한 치의 빈틈없이 시간을 보냈지만 그 뒤에는 헛헛한 공허감만 남는다는 것을 자기는 안다. 우리는 우리 자신을 놓아주는 방법을 모른다.

우리는 자신이 상처받고 있다고 인정하지 못하고, 살아 오면서 자기가 힘들 때 자기를 위안해 주었던 것, 이를테면 술, 노래, 음악 등을 습관적으로 선택하여 위안을 받으려 하고, 그것을 선택하는 것으로 스스로 치유했다고 생각한다.

우리는 잘못된 방법으로 자신을 과잉보호함으로써 역설적으로 자신을 점점 더 어렵게 하고 있다.

강한 사람은 자신을 자신이 만든 '보호상자' 밖으로 나오게 한다. 자신이 끊임없이 위안받고 웅크리고 도피할 수 있었던 안전한 좁은 상자를 제 발로 걸어 나오는 순간, 세상은 밝아지고, 우리는 다른 것에 의존하지 않고서도 충분히 행복할 수 있다. 모든 변화는 자기 스스로 심리적 상처를 인식하고 내가 약하다는 것을 인정하는 것에서부터 시작된다.

내가 모르고 있었던 갈등, 애써 외면하고 싶었던 불편한 관계의 사람들을 편견 없이 바로 쳐다보면서 잘못된 매듭을 풀어야 한다. 내 갈등은 무엇이며, 왜 생겨났으며, 다른 사람들은 나와 같은 갈등을 어떻게 해결했는가를 알면 내가 내 삶의 지도를 갖게 된다.

지도도 없이 앞사람의 머리 꼭대기만 보고 신년 일출을 맞으러 새벽 일찍 일어나 설악산 대청봉으로 걸어가는 무의미한 대오에서 빠져나오면, 내 삶의 지도로 스스로 길을 찾아가게 되고 무작정 일출을 보려 했던 내가 보인다. 대오에서 벗어나서 본 나의 그 참한 모습은 3분 만에 수평선에서 떠 버리는 해보다 더 밝다.

모든 사람이 갈등을 가지고 있다. 그 갈등을 서로 이야기하고 함께 치유할 수 있는 사람은 누구일까? 그 사람은 바로 내가 신뢰할 수 있는 사람이다. 그 사람은 비록 내가 잘못된다 해도 나를 믿어주고 자기를 기꺼이 희생하며 나를 도와주는 사람이다. 그 사람은 누구일까?

2005년 10월 던힐 담배를 만드는 BAT Korea의 의뢰를 받아 '사회와의 대화 : 청소년흡연이 사회에 끼치는 영향에 대하여'라는 프로그램을 기획하고 사회를 맡아 진행하였다.

남산 힐튼 호텔에서 실시한 리허설에는, 그 당시 청소년 보호위원장이었던 강지원 검사, 언론계에서는 유인경 기자, 학계에서는 성공회대 김기찬 교수, 그리고 미국, 영국 출신의 BAT Korea임원들이 참석하였다.

나는 미국, 영국 출신의 임원들에게 일일이 "당신은 누구를 가장 신뢰하는가?"라는 질문을 던졌더니 7명 중 6명이 모두 "My wife!"라고 대답했고, 한 명만 "My mother!"라 대답했다. 왜 너만 엄마냐고 물어보니 자기는 독신이라 답했다.

이 질문에 대하여 한국 사람은 대부분이 '어머니'라고 대답한다.

여러분이 가장 신뢰하는 사람이 어머니든, 아내든, 친구든 누구라도 좋다. 온라인에서나 오프라인에서 당신이 신뢰하는 그 사람과 자신의 갈등에 대해 터놓고 대화하고 함께 아파하고 냉정을 찾아 해결책을 모색할 수 있다면 당신은 행복한 사람이다.

누구도 보약으로 술을 마시지는 않는다. 이 세상의 술집이 잘 되는 이유는 모르는 사람들이나, 신뢰할 수 있는 사람들을 만나 자신의 갈등을 토로하는 장소를 제공하기 때문이다. 술집의 수만큼이나 갈등을 다른 사람과 함께 공유하고 싶은 사람이 있는 것이다.

이슬람권은 술을 마시지 않으니 커피나 찻집이 성행하는 것도 똑같은 이유이다. 사람들과 자신의 갈등에 대해 이야기하고, 또 상대방의 갈등을 듣고 공유하고 자신의 경우를 이야기하면 자신의 삶이 외롭다는 생각은 줄어든다.

그 사람들과 이야기하다 보면 마침내 나와 함께 산책하는 사람도, 나를 지나치는 사람도 관찰할 수 있는 여유가 생긴다.

모두 사람이다. 사람은 살아있는 순간에는 항상 갈등을 가진다.

Man should be happy as much as he thought — 링컨

사람은 자기가 행복해지고 싶은 만큼만 행복해진다고 젊은 시절 수없는 좌절을 겪고 갈등을 극복한 경험을 가진 아브라함 링컨은 말하지 않았던가.

행복의 크기는 자기가 만든다. 손톱만큼 행복해지고 싶으면 그만큼 행복해지고, 산만큼 행복해지고 싶으면 산만큼 행복해지는 것이 사람이 지닌 능력이다.

우리가 신뢰할 수 있는 사람은 내가 갈등에 빠졌을 때 그 갈등을 극복하도록 매우 중요한 역할을 해준다. 내 말을 들어주고, 같이 아파하고, 위로해주며 극복할 길을 찾게 해준다.

내가 신뢰할 수 있는 사람은 다음과 같은 특성을 가진다.

당신이 신뢰하는 어느 한 사람을 생각하고 그 사람은 다음의 항목을 몇 가지나 충족하는지 펜을 들고 √표시를 하며 읽어보자.

- ❑ 무엇보다 먼저 나를 믿는다. 모든 사람들은 다른 사람을 의심한다. 하지만 내가 신뢰할 수 있는 사람은 설령 내가 임시방편으로 거짓말을 해도 날 믿는다.
- ❑ 그는 나와 한 약속을 끝까지 지킨다. 다른 사람과의 약속도 소중히 지키지만, 나와의 약속은 끝까지 지키려 하고 또 지킨다.
- ❑ 그는 매사에 자신감이 있다. 물러서지 않고 무엇이든 해결할 자신감을 가지고 있다. 그는 보기만 해도 믿음직하다.
- ❑ 그는 직접적인 관련이 없는 집단에게 말하기보다는, 충돌 당사자인 개인에게 직접 이의를 제기한다. 그는 비겁하지 않고 정정당당하다.
- ❑ 그는 나의 말을 끝까지 정중하게 듣는다. 그는 나를 존중한다.
- ❑ 그는 먼저 비판이나 이의제기 없이 나의 의견을 일단 받아들인다.
- ❑ 그는 매사에 책임감이 있다. 자기가 주체가 되어 일을 열심히 하려 한다.
- ❑ 그는 일이 어려울 때 자기와 반대되는 나의 의견을 구하여 듣고 존중한다.
- ❑ 그는 언제나 일관적이며 예측 가능하게 행동하여 나를 놀라게 하지 않는다.
- ❑ 그는 주장하는 가치나 믿음과 일치하는 행동 방식을 갖고 있다. 표리부동하지 않다.
- ❑ 그는 자신의 목표나 의도를 나에게 공개적으로 표명한다. 추호도 숨기는 것이 없어 믿음이 간다.
- ❑ 그는 자신이 습득한 소중한 정보를 나와 공유한다. 그것이 나에게 큰 도움이 되고 위안이 된다.
- ❑ 그는 나와 의견이 다를 때, 나의 견해에 존중을 표시하며 따르려 노력한다.

❑ 그는 계획과 아이디어를 객관적, 논리적 형태로 평가한다.

❑ 그는 매사에 민감성과 재치를 발휘한다.

❑ 그는 문제 해결과 의사 결정에 나를 관여시킨다.

❑ 그는 오해를 최소화하기 위해서 의사전달을 명확히 한다.

❑ 그는 일이 잘못되면 누구를 탓하기보다는 문제를 해결하기 위해 노력한다.

❑ 그는 만약 내가 잘해주었다면, 나에게 적절한 감사의 마음을 전한다.

❑ 그는 문제와 의견의 차이점에 대해 나와 공개적으로 사심 없이 토론을 하려 한다.

❑ 그는 내가 좋을 때나 나쁠 때나 관계없이 나의 의견을 존중한다.

❑ 그는 잘못했을 때, 자신의 실수와 지식의 부족을 시인한다.

❑ 그는 갈등에 대해 나와 협력적으로 접근하여 함께 해결하려 한다.

❑ 그는 나와 의견이 불일치할 경우 방어적인 자세를 취하지 않고 열린 자세로 경청한다.

❑ 그는 필요할 경우 나에게 도움을 요청한다.

내가 갈등을 잘 관리하기 위해서는 이런 사람들을 만나도록 노력하고 주위에 이런 사람이 있으면 각별하게 마음을 터놓고 사귀어 서로를 갈등에서 구제할 수 있는 동반자로 만들자.

사람이 죽기 전에 진정한 친구 이름을 10명 정도만 쓸 수 있으면 잘 산 삶이라는 말도 있다. 신뢰할 수 있는 사람 앞에서 나는 심리적으로 무장해제하고 생각나는 대로, 느끼는 대로 이야기할 수 있다. 그렇게 대화하는 과정에서 나도, 내 신뢰하는 사람도 길을 찾는다.

누구나 갈등을 가지고 있다. 갈등의 생성 - 발전 - 소멸과정은 누구에게나 대동소이하다. 자신이 약하면 방어적이 되고 스스로를 고립시킨다. 그 방법을 계속하여 사용하면 자신을 망치게 된다. 상자 밖으로 나와 자신을 직면하라. 갈등은 인간관계에서 생기고 그 해결도 사람들과 함께해야 한다. 내가 신뢰할 수 있는 사람을 찾아 함께 이야기하면서 갈등을 관리할 수 있다.

나는 신뢰할 사람이 있는가?
터놓고 갈등을 토로할 사람이 있는가?

갈등의 결말

• 고착과 버킷리스트

1994년 10월 21일 다리가 무너진 초유의 사건이 대한민국 수도인 서울 한복판에서 일어났다.

이 사고가 나기 전에 성수대교 난간의 이음매에 틈새가 벌어진 것을 시민들이 신고를 하였지만 당시 서울시 관계자는 방치하였고 운명의 그날 오전 7시 48분 성수대교는 붕괴되었다. 승합차와 승용차 2대는 바로 추락하였고, 무학여중고생을 태운 문제의 16번 버스는 다리 중간에 걸려있다가 한강에 빠지게 된다. 그 사고로 당시 이원종 서울시장이 경질된다. 총 6대의 차량에 타고 있던 탑승객 중 32명의 사망자를 내었으며, 등교시간이었기에 무학여중, 무학여고에 다니던 9명의 소녀들이 꽃다운 나이에 세상을 떠나게 된다.

그 후 20년이 지났다. 그때 딸아이를 잃은 두 부모들의 가슴 아픈 이야기를 10년 전쯤 조선일보에서 읽은 기억이 난다.

한 아이의 아버지는 청소미화원이었다. 세상을 떠난 딸아이는 자식들 중 유독 예쁘고 공부도 잘했다. 학교에서 늘 1등을 하여 부모를 기쁘게 하였다. 마침내 아버지는 이 아이를 잘 키워 보겠다고 결심을 하고 압구정동

반지하 셋방을 얻어 이사를 단행했다. 학군이 좋은 압구정동으로 이사를 하여 좋은 학교에 배정을 받아 좋은 교육을 받고 일류대학에 보내 성공시켜 집안을 일으킬 꿈을 꾸었다. 그런데 일은 아버지가 생각한 대로 되지 않았다. 거주 년 수가 부족하여 현대고등학교는 못 가고 밀려나 성수대교 건너 무학여고에 배정을 받게 된 것이었다. 그래도 딸아이는 공부를 열심히 하고 1등을 놓친 적이 없었다. 그런 아이가 이날 사고로 세상을 떠나버렸다.

아버지는 그날 이후 술로 괴로움을 달랬다. 술만 취하면 "에이고 그 아이가 공부만 좀 못 했어도, 내가 죽일 놈이지 이사는 왜 와가지고. 이 아이 좀 보세요. 얘는 내 딸인데 1등을 놓친 적이 없어요" 하고 죽은 딸아이 사진을 주위 사람들에게 보여주며 울기 일쑤였다. 매번 그리 하니 몸이 버틸 수 없었다. 급기야는 간경화가 진행되어 의사로부터 삶이 얼마 남지 않았다는 선고를 받았다.

또 다른 아이의 어머니는 죽은 아이의 책상을 정리하다가 딸아이의 일기장을 보게 되었다. 그 일기장에는 아이가 대학에 진학하고 나서 하고 싶은 일이 버킷 리스트로 적혀 있었다.

1996년 1학년 때는 유럽으로 여름방학 1달 동안 배낭여행을 가고 다음 해는 필리핀에 해비타트 봉사활동을 가서 집 없는 이를 위한 집을 지어주고… 등으로 이어지는 리스트는 엄마의 가슴을 뛰게 했다.

'그래, 내가 내 아이를 대신해서 이 일을 하리라' 결심하고 준비하여 일기장에 쓰여진 대로 그 아이를 대신해서 하였다.

그 일을 하는 동안 어머니는 자신의 삶이 누구보다 행복하게 변화되는 것을 느꼈다 한다.

똑같은 사고로 자식을 잃은 두 부모의 다른 삶 이야기가 갈등의 결말을 말해준다.

공부 잘하는 딸을 잃은 아버지의 삶은 아직도 1994년의 그날에 고착되어 있었다. 한 걸음도 앞으로 나갈 수 없어 그날의 사건이 없었던 과거로 돌아가고 싶었던 그는, '부인'과 '취소'라는 방어기제를 사용하고 그 방어기제에 의존하여 위안을 받고 있다가 자신의 삶을 마감하게 된다.

반면 다른 아이의 어머니는 치환이라는 방어기제를 사용하여 딸을 대신하며 대리만족을 하여 자신의 행위를 딸이 하는 것처럼 느끼며 자신의 삶을 성공적으로 바꾸어 놓았다.

내가 갈등관리 과정을 진행할 때 갈등의 결과도 실패하는 사람은 좌절을 잘 견디지 못하는 사람이며, 그는 좋지 않은 방어기제를 사용하고, 그것에 의존하여 자신을 파멸에 빠트리는 결과를 초래한다고 정리하고 그들의 특성을 교재에 다음과 같이 정리했다.

■ 실패하는 경우 : 좌절을 잘 견디지 못하는 사람Low-Frustration-Tolerance-People

좌절을 잘 견디어 낼 수 없는 사람은 대개 좌절에 대해 분노나 언어적·물리적 공격, 예를 들면 좌절이 시작되는 상황에 차를 발로 걷어차는 등의 비생산적인 방어행동으로 반응한다. 사람들은 자기 자신의 존엄성이 위협받는 상황에서 방어적이 되는 경향이 있다.

세 가지의 방어기제Defense Mechanism는 좌절을 잘 견디지 못하는 사람이 자신의 목적에 이르는 것을 방해받았을 때 공통적으로 나타나는 것이다.

첫 번째는, 합리화Rationalization이며 이것은 가장 자주 사용되는 방어기제이다. 합리화를 하는 사람은 자신이 한 어떤 행동에 대해 진짜 이유를 알지만, 말할 수 없을 때 그럴듯한 이유를 찾아낸다.

팀장 진급에서 탈락한 한 여자가 다음과 같이 합리화할 수 있다.

"도대체 누가 더 나빠지는 것을 좋아하겠어? 이 회사에서 팀장이란 결국 거의 매일 밤 일만 하고 집안에서는 문제만 생겨 가정이 망가지게 될 뿐인걸."

그녀의 방어는 건설적이지 못하다. 왜냐하면 그녀는 여전히 팀장이 되고자 하는 해결되지 못한 갈망을 가지고 있기 때문이다.

두 번째는, 위의 아버지 사례와 같은 '부정'Denial이다. 좌절에 대한 반응으로서 아주 손쉬운 방어기제이다. 좌절을 잘 견디지 못하는 사람은 이미 발생한 특정한 상황이나 사건 자체를 단순히 지워버리거나 부정한다.

이미 일어난 일을 부인함으로써 그 자신은 그 사건과 연관된 극심한 긴장이나 분노를 지워버릴 수 있는 것이다. 앞의 예에서 아버지는 그 날 사고가 일어난 것을 부인하고 싶다.

사랑하는 남편이 죽은 후 3년이 지났는데 그 시신을 침대에 그냥 두고 아이들과 평소와 다름 없이 생활한 약사 아내의 이야기도 이 부정이라는 방어기제를 사용한 것이다.

세 번째는, 투사Projection이다. 우리가 자신의 만족하지 못한 욕망이나 남과의 충돌 등의 원인을 다른 개체에 귀착시켜 화풀이하는 것이다.

우리는 또 우리 자신의 실패에 대해 다른 사람들을 비난할 때 투사를 사용하기도 한다. 왜냐하면 투사는 중요한 목표달성에 실패한 것에 대한 불안감의 일부를 일시적으로 감소시켜 주기 때문이다.

이 세 가지 좋지 않은 방어기제를 사용하면 좌절에서 빠져나올 수 없게 된다.

다음은 좌절을 극복하고 갈등을 해결할 수 있는 사람들의 특성을 살펴보자.

■ 성공하는 경우 : 좌절을 견딜 수 있는 사람High-Frustration-Tolerance-People

만약 당신이 극심한 좌절을 견디어 낼 수 있는 사람이라면 당신은 좌절을 극복할 수 있는 건설적인 행동을 할 수 있다. 당신은 당신이 지금 겪고 있는 갈등을 해결한 사람들이 사용하는 효과적인 방법을 모방하여 사용할 수 있는 것이다. 당신이 좌절한 상태라면 이러한 모방을 하는 가운데서 당신의 목표는 건설적으로 바뀌게 된다. 오랫동안 노력을 한 후에도 제조업의 임원이 될 수 없다면 바로 그 아래 부장자리에서 만족하면서 인생을 즐기는 것은 어떤가?

갈등을 딛고 성공한 사람들은 종종 자신들의 좌절을 초래하는 문제를 해결할 때 체계적인 접근법을 사용하고 있다.

A, B 두 사람이 회사 구내식당을 이용한다. 이 식당은 계란프라이를 즉석에서 해준다. A가 말한다. "저 아줌마는 항상 계란을 덜 익혀 비리게 해준단 말이야. 분명 또 덜 익혀줄 거야." 그러고는 덜 익힌 계란을 담은 식판을 들고 와서 자기 말이 맞았다고 확인한다.
다음 날 B가 A에게 말했다. "오늘 내가 하는 것 잘 봐. 그러면 네가 불평하던 비린 계란 대신 잘 익힌 계란을 먹게 될 것이야." 그는 그 아줌마에게 가서 이렇게 말했습니다. "아주머니 미안하지만 계란 좀 푹 익혀 주시겠습니까?" 둘은 잘 익힌 계란프라이를 먹을 수 있었다.

도서관에서 어떤 특정한 책을 찾아야만 하는 사람이 있다. 그러나 그는 그 책의 위치를 찾을 수 없다. 왜냐하면 그는 카드목록을 대신하고 있는 컴퓨터의 사용법을 알지 못하기 때문이다. 좌절을 잘 견디지 못하는 사람이라면 아마도 욕을 퍼붓거나 키보드를 마음대로 두드리거나 했을 것이다. 그러나 문제를 해결하는 사람이라면 도서관 직원에게 자기가 원하는 책을 찾아달라고 요청했을 것이다.

우리나라 남자들은 남에게 도움을 요청할 줄 모른다. 운전을 할 때 길을 몰라도 절대 묻지 않는다. 또한 내비게이션을 사용할 때 조차 자기가 마음대로 경로를 바꾸어 놓고 또 그 내비게이션의 안내가 잘못되었다며 화풀이한다.

오죽하면 살아가면서 세 여자의 말을 잘 들어야 성공하는데, 첫 여자는 어머니, 두 번째는 아내, 세 번째는 내비게이션 음성 안내하는 여자라는 우스갯소리가 나왔을까?

좌절에 대한 하나의 해결책은 바로 보상Compensation이다. 성수대교 붕괴 후 딸의 생을 대신한 어머니의 사례처럼 당신은 그 좌절과 연결된 다른 목표를 성취하기 위해 더욱 열심히 매진해야 한다.

사람들은 주위사람들의 도움이나 자신의 의지로 갈등을 해결하게 되면 강한 자신감이 생기고 다른 갈등에 직면해서도 자신이 사용했던 방법을 사용해 보고, 안 되면 자기 주변의 성공했던 사람을 찾아가 그 사람이 사용했던 방법을 물어보고 자기도 시도해 본다.

암 환우들이 모여 완치가 된 사람들의 성공체험을 듣고 자기도 따라 해보는 것이 요즘의 추세이다. 그렇게 하는 것을 다른 사람을 따라 한다 하여 Copying Method라 한다.

아리스토텔레스가 '인간은 모방하는 동물'이라 한 것처럼 우리는 다른 사람의 성공으로부터 배운 것을 모방함으로써 갈등의 해결책을 찾을 수 있다.

좌절을 극복하는 사람, 좌절에 지는 사람

1_ 갈등의 이해

1. 갈등이란 무엇인가
- 갈등을 바라보는 동서양의 시각차이
  - (1) 서양의 갈등
  - (2) 동양의 갈등
  - (3) 동서양 갈등의 해결방식 비교
  - (4) 갈등해결 태도

2. 우리 사회는 다른 사람의 삶에 불쑥 뛰어드는 갈등사회이다

3. 개인의 트라우마 극복 사례

4. 갈등의 순기능과 역기능

5. 변화에 대한 갈등
- 성공사회에서 행복사회로

6. 신뢰할 사람과 갈등을 토로한다
- 나는 신뢰할 사람이 있는가?

7. 갈등의 결말
- 고착과 버킷리스트
  - (1) 실패하는 경우 : 좌절을 잘 견디지 못하는 사람
  - (2) 성공하는 경우 : 좌절을 견딜 수 있는 사람

2

갈등의 종류

우리는 보통 모르는 것을 알려 할 때 맨 처음, 모르는 것의 종류를 전부 열거해 보곤한다. 공무원이 되기 위해서는 국가기관, 지방자치단체, 산하기관, 유관기관 등이 있고 언론계로 가려면 방송사, 통신사, 신문사, 잡지사, 케이블 방송, 제작사 등이 있다.

기업체로 가려면 재벌회사, 중견기업, 중소기업, 벤처기업 등이 있다. 사회단체는 문화 관련 단체, 복지 관련 단체, 교육 관련 단체, 종교 관련 단체 등이 있다. 각 직장의 특성에 따라 원하는 인재상이 다르다. 취업을 하려는 사람은 일찌감치 자기 역량과 적성에 맞는 영역과 몇몇 직장을 목표로 접근하면 취업이 용이하다.

우리가 갈등을 관리하기 위해서도 내가 겪고 있거나 겪을 수 있는 갈등의 종류를 모두 분류하여 파악하는 것이 필요하다.

갈등의 분류를 대분류로 개인과 집단으로 나누었다.

개인갈등은 개인이 직접 겪는 갈등과 개인 간에 일어나는 갈등으로 나누었고, 개인이 직접 겪는 갈등은 역할갈등, 선택갈등, 그리고 이것들이 함께 나타나는 경우가 많기에 시작부분에 역할선택갈등을 먼저 다루었다.

개인 간에 일어나는 갈등은 관계에서 일어나는 갈등과 성향에서 생기는 갈등으로 나누었고 성향에서 일어나는 갈등은 나와 맞지 않는 사람 때문에 생기는 갈등과 자기와 수준이 맞지 않다고 따돌려 그 결과 소수자가 박해받는, 평등을 위협하는 갈등으로 나누었다.

집단갈등은 업무 때문에 생기는 갈등과 업무 외 갈등으로 나누고, 업무 외 갈등은 비공식조직의 갈등과 조직갈등, 업무갈등은 관계에서 생기는 갈등과 신뢰와 의혹 게임 및 구조적 갈등으로 나누었다.

갈등의 종류에는 필자가 과제를 채점하며 만났던 많은 사례가 나온다. 그 사례는 실제사례이며, 사례자의 정보보호를 위해 익명으로 표시하였다.

갈등의 종류를 보고 우리가 겪을 수 있는 갈등의 종류와 그 해당 갈등을 해결하는 방법을 사례자들의 경험을 통해 습득할 수 있으면 좋겠다.

이 장을 마치고 나면 갈등 종류에 대한 전체적 분류표를 가질 수 있다.

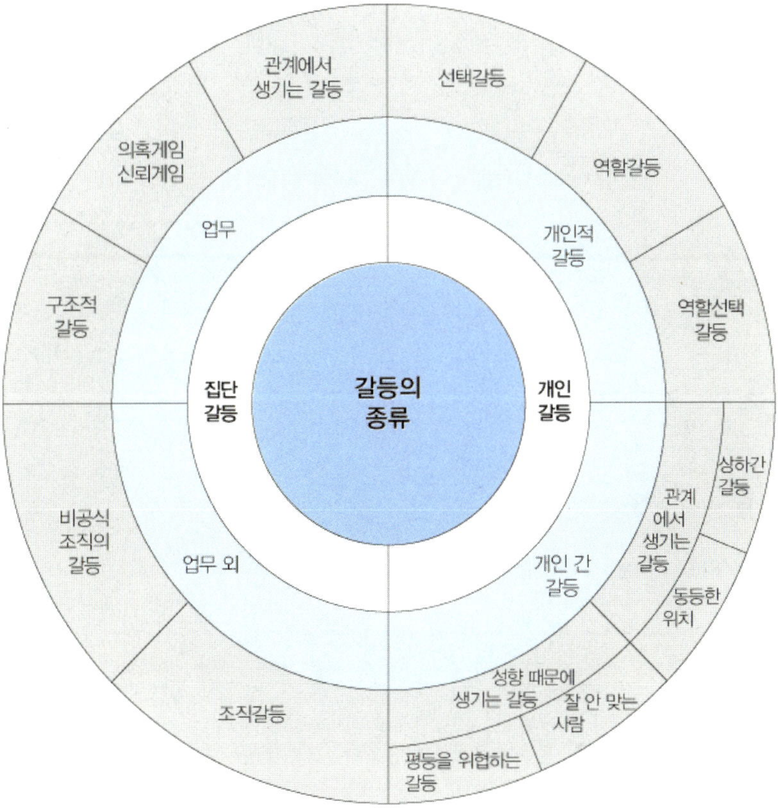

갈등의 종류 KDY모델. 김두열

개인갈등

• 개인이 직접 겪는 갈등

■ 역할선택갈등

● 서브 팀장으로 남을 것인가? 아내 역할을 할 것인가?

김성희 씨는 OO기업 수도권지사에 근무하고 있다. 얼마 전 결혼을 했고, 팀 내에서 핵심적인 역할을 맡고 있는 서브 팀장이다.

오늘은 그녀가 결혼 후 처음 맞이하는 남편의 생일이다. 빨리 퇴근해서 손수 장만한 생일상을 맞게 하고 싶다. 기왕이면 남편의 체면을 세워주자 하는 마음에 남편에게 친한 사람들 대여섯 명과 함께 오라고 공언도 해놓았다.

그런데 퇴근시간을 앞둔 오후 4시, 팀장으로부터 다급한 지시가 내려왔다. 내일 오전에 서울본사의 사장님이 예고 없이 방문한다는 전갈이었다. 지사와 센터는 갑작스러운 사장님의 방문에 대비하기 위해 다급히 움직이기 시작했고, 성희 씨의 팀도 보고를 위해 각종 통계치를 자료화하고 발표 자료를 만드느라 정신 없이 바빠졌다.
'나는 팀 내에서 핵심적인 역할을 맡고 있는 서브 팀장이다. 내가 지금 자료를 챙기고 작업지시를 하지 않으면 모든 게 뒤죽박죽이 된다. 딱히 나를 대신할 사람도 없고……. 만약 내가 빠지면, 내일 일은 상상하고 싶지도 않다.'

남편의 생일상을 차리기 위해 퇴근할 것인가, 회사의 업무를 위해 야근을 할 것인가. 처음 맞는 남편의 생일을 망치고 싶지도 않았고, 개인적인 일로 회사의 일을 내팽개칠 수도 없는 노릇이었다.
그러나 어느 한쪽을 선택하면 다른 하나를 포기할 수밖에 없다. 아내로서의 역할과 직장 내 서브 팀장으로서의 역할, 성희 씨는 선택을 결정하지 못하고 갈등하고 있다.

- 해결책의 모색

김성희 씨는 어떤 선택을 해야 할까? 결과는 야근을 선택하였다. 성희 씨는 책임감이 강했고 그를 대신할 사람이 없었다. 직장 분위기도 오늘날처럼 가정을 중시하는 상황도 아니었기 때문에 남편의 생일상은 차려줄 수 없었다.

그 사건으로 남편과는 서먹서먹해졌고 '여자가 직장이라는 정글에서 살아 남으려면 어쩔 수 없지 뭐' 하며 합리화를 해보기도 하지만 마음은 썩 편치 않았다 한다.

내가 추천할 수 있는 방법은 미리 남편에게 상황을 설명하는 것이다. "자기야 오늘 빨리 가서 당신 생일상을 차려야 하는데 내일 갑자기 사장님이 오신다 하여 부장님이 브리핑자료를 만들어 놓고 퇴근하라

해서 야근을 해야 하는데 어떻게 할까?"

이렇게 물어보면 현명한 남편이라면 "생일상 신경 쓰지 말고 일하고 와. 내가 친구녀석들과 밖에서 한 잔 하고 가지. 11시쯤 친구들과 집에 갈 테니 오는 길에 아이스크림과 과일 디저트와 맥주로 파티를 하지 뭐." 이런 말이 나올 수 있게 상황을 만들어 푸는 게 좋다고 답을 해주었다.

■ 역할갈등

● 가정이냐 직장이냐, 그것이 문제로다

K기업 마케팅 부서에서 근무하고 있는 이성호 차장은 자타가 공인하는 유능한 사람이다. 모든 구성원들이 그와 함께 일하는 것을 즐거워하고 있고 상사로부터의 신망도 두터운 편이다. 그런데 요즈음 그의 표정에는 그늘이 드리워 있다.

중학교 2학년인 그의 아들이 뇌막염으로 보름째 입원 중이기 때문이다. 아내도 맞벌이라 직장에 나가고 요즘은 정리해고를 한다는 말이 돌아 직장에 휴가도 낼 수 없는 지경이라 간병인을 붙여두고 있었다.

아내와 아이의 입원 때문에 다툼도 잦아졌다. 퇴근 후 병실에서 만나 아들의 뇌막염 발병 원인도 서로의 무심함 때문이라 비난하고 있는 와중에 아들에게 들은 한 마디가 그의 가슴을 아프게 했다. "나는 크면 직장생활은 안 할 거야."

아빠로서 아픈 아들을 지켜주지 못해 마냥 미안한 마음을 거둘 길이 없다. 아빠로서의 역할과 직장 간부로서의 역할, 남편으로서의 역할.

이 차장의 갈등은 이 세 가지가 서로 부딪히면서 깊어졌다. 모든 역할을 다 잘할 수 있다면 얼마나 좋을까?

• 해결책의 모색

김성희 씨나 이성호 씨처럼 아내, 아버지, 아들, 친구, 직장 등 두 가지 이상의 역할이 동시에 부딪히면서 갈등에 빠지게 될 때는 어떻게 해야 할까?

정말 결정을 내리기 힘든 일이다. 그래서 '슈퍼맨', '알파맘'이라는 신조어가 있는 게 아닌가 싶다.

역할갈등은 사람들이 나에게 해주기를 바라는 역할과 실제로 내가 하는 행동의 불일치에서 오는 것이다.

Role Expectation

⇕ ⇒ Gap(Role Conflict)

Role Behavior

호칭은 그 호칭으로 부르는 사람들이 나에게 해주기를 바라는 사람들의 역할기대가 들어있다. 통상 우리나라에서는 한 사람이 대략 25개 이상의 호칭으로 불리고 있다고 한다.

아저씨, 아빠, 여보, 선배님, 삼촌, 입주민, 선생님, 고모부, 이모부…… 이 호칭은 그렇게 부르는 사람과 나와의 관계인 동시에 그들이 나에게 기대하는 역할기대가 들어있다.

반면 나는 몸이 하나뿐이다. 시간과 돈도 제한되어 있다. 당연히 모든 역할을 다 할 수 없다. 이 역할을 다 하며 살아가려면 매우 부지런하고 성의가 있고 경제적으로도 여유가 있어야 한다.

젊은 직장인들은 종종 경조사에 갈 때 봉투에 얼마를 넣어야 할지 갈등한다. '친구는 오만 원을 했지만 나는 그럴 수 있나. 그래도 그 친구 형편이 좋지 않으니…' 여러 가지 생각이 오간다.

덜컥 소식 없던 친구로부터 결혼 소식이 올 때도 갈등한다. 정작 자기는 내 경조사에 안 와놓고 나더러 오라고… 차라리 듣지 않았으면 좋았을 걸 하는 생각이 드는 것도 어쩔 수 없는 사실이다.

역할행동을 자꾸 미루게 되면 주위로부터 인간답지 못하다는 이야기를 듣게 된다. 우리가 역할갈등에 빠져드는 이유는 어찌 보면 역할을 그때그때 해결하지 않고 미루기 때문에 발생하는 경우가 많다.

따라서 역할갈등을 해결하는 방법은 그때그때 자신에게 요구되는 역할행동을 할 수 있는 능력이 되고, 하고 싶다는 마음이 내킬 때 미루지 말고 곧바로 하는 것이 좋다. 해야 한다는 생각이 날 때 곧바로 하는 것이다. 만약 아내의 생일이 돌아오는 주말이라면, '내일 선물 사야지' 하고 미룰 것이 아니라 오늘 바로 선물을 준비해 두면 된다. 시간이 있다고 미루면 잊어버리기 쉽다. 왜냐하면 우리의 삶은 이 같은 역할행동의 끊임없는 연속이기 때문이다.

● 친정과 시집 사이에서 몸과 집을 복제할 수도 없고

김미숙 씨 내외는 지방 소도시 출신으로 남편의 직장을 따라 서울에 터를 잡았다. 얼마 전 미숙 씨는 친정 부모님으로부터 오랜만에 시간을 내어 서울구경을 오시겠다는 연락을 받았다.

그런데 그로부터 며칠 뒤, 친정 부모님이 서울에 오기로 한 그 날, 시댁 어른들도 서울에 잔치가 있어서 오겠다고 연락을 해오셨다. 시댁 어른들의 연락을 받은 미숙 씨는 고민에 빠졌다.

사돈 간에 함께하기는 어려운 일이고, 좁은 집에서 양쪽 어른 모두 몸도 마음도 편하지 않을 것이 뻔했다. 여관에 모실 수도 없고, 일정을 변경하라고 말씀을 드릴 수도 없고……. 도대체 어떻게 해야 할까?

참 난처한 형국이다. 딸로서의 역할과 며느리로서의 역할 사이에서 갈등하고 있는 그녀. 역할을 미루지 않겠다고 생각하면, 방법이 없는 것도 아니다. 하지만 논리적으로 분석해 본다면 내 힘으로 바꿀 수 없는 것은 무엇일까?

• 해결책의 모색

서울의 잔치는 내가 어찌 할 수 없는 일이고 오랜만에 시간을 내어 오는 친정부모님의 서울구경은 일정 변경이 가능할 것 같다. 시댁 어른들은 잔치 날짜가 정해져 있으니 날짜를 바꾸라고 말씀드리기 어렵다.

그렇다면 친정 부모님께 그 전 주 차표를 사서 보내 드리면서 "빨리 보고 싶으니 별일 없으면 먼저 오세요. 바깥양반도 그때 휴가를 내기가 좋다고 하네요" 한다면, 문제는 그리 어렵지 않게 해결될 수 있다. 딸로서의 역할을 미루지 않고 서둘러 해결하는 방법인 셈이다. 그 수강자도 내 권고대로 그렇게 문제해결을 했다.

● 선택갈등은 딜레마를 만든다

수강자 A씨의 이야기다. 10여 년 전의 일이다. 대학 다닐 때, 자신을 돌보며 밥을 해주시던 친구 할머니께서 부산에서 세상을 떠나셨다는 부음을 받았다. 오전 10시에 부음을 받았는데 다음 날 가족과 해외여행을 떠나야 하는 상황이었다.

그는 두 가지 결정 사이에서 고민했다. 무리를 해서 부산으로 가서 문상을 할 것인지 그냥 부의만 표하고 여행을 준비할 것인지.

그는 그 즉시 공항으로 가서 부산 행 비행기 표를 왕복으로 구입했다. 돌아오는 표는 다음 날 첫 비행기로 하고 아내와 아이들은 김포공항에서 만나 동경으로 가기로 하였다. 하룻밤 빈소를 지키고 올라오니 마음이 편해졌다 한다. 그 할머니께서 돌아가시기 전날, 자기 생각이 난다는 말씀을 하셨다는 말을 전해 듣고는 더욱, 다녀오기를 정말 잘했다고 생각했다고 한다.

역할은 미룰수록 큰 갈등에 빠지게 된다. 그때그때 미루지 말고 할 수 있는 수준의 역할을 다하는 것이 깊은 갈등에 빠지지 않는 방법이다.

역할갈등은 이 뿐만이 아니다. 후배가 선배에게 "선배님—" 하며 말꼬리를 길게 빼는 것은 술값을 내달라는 소리다. 부모님이 자식에게 "요즈음 들어 부쩍 네가 보고 싶구나" 하고 전화를 하셨다면, 별일 없으면 한번 찾아오라는 말씀이다. 조카 녀석이 "삼촌 제가 한 달 뒤에 군대에 가는데요…" 하고 말을 걸어온다면, 군대 가기 전에 친구들이랑 술 마실 용돈이라도 건네야 할 것이다.

지금 당신이 겪고 있는 역할갈등은 무엇에 관한 것인가? 당신이 당장 해결하기 힘든 양립하는 갈등은 무엇인가? 지금 자신을 돌아보며 무엇과 무엇이 부딪히고 있는지를 명확히 하면, 내가 겪고 있는 역할갈등을 분명히 할 수 있다.

요즘 work & life balance라 하여 직장과 가정을 동시에 충족시키라는 움직임이 유행처럼 번지고 있다. 어떤 직장은 주중 특정 요일을 정하여 일찍 퇴근하여 남편과 아내와 아이들과 함께하는 시간을 가지기를 권장하고, 부부간의 육아와 가사분담도 함께하는 부부들이 자연스럽게 늘어나고 있다.

개발도상국의 고도 성장기에 강요받았던 '가정이냐 직장이냐'라는 선택의 딜레마는, OECD에 진입한 지금은 양립할 수 있는 것으로 인식이 바뀌고 사회 전반의 모든 사람들이 발전적으로 해결하고 있는 추세이다.

고도 성장기에는 할 일이 많았고 목구멍이 포도청이라고 살기 위해 일만 해야 했다. 30여 년 전 故 이병철 회장이 하신 말씀이 생각이 난다. 그분은 이렇게 말씀하셨다.

"삼성은 아주 좋은 회사다. 아주 열심히 일할 수 있게 일감을 주고 잔업수당도 준다. 아침, 점심, 저녁을 다 회사에서 주는 곳은 우리 밖에 없다. 그보다 더 좋은 것은 일이 많아 돈 쓸 시간이 없는 것이다"라는 말씀이었다. 우리는 그 당시 그 말에 동의했다. 하지만 지금 그런 말을 들으면 모두 취업을 회피할 것이다.

그 시대 직장생활을 시작한 지금의 간부사원들은 아직도 일찍 귀가하는 것이 어색하다. A사에 간부사원이 한 분 계셨는데 그분은 항상 밤늦게 일하고 술에 취해 늦게 들어갔기 때문에 날이 환하면 정말 집을 못 찾는 것이었다. 그 당시 토요일은 오후 세 시면 업무를 마쳤다. 그 간부사원은 토요일만 되면 함께 어두워질 때까지 술 마실 사람을 찾아 헤맸다 한다. 이 전설적 인물은 예전 A사 본사직원이면 누구인지 쉽게 이름과 얼굴을 떠올릴 수 있을 것이다.

이 글을 읽는 독자 중에도 고도 성장기를 경험한 간부 직원이 있다면 시대에 맞게 자신의 역할을 바꾸도록 권장한다. 무조건 열심히 일만 하고 돈 벌어주는 엄마 아빠에서 함께 가사분담을 하고 자녀들과 소통할 수 있는 착한 부모가 되어야 한다. 그러지 못하면 부모는 돈 벌어 주는 기계가 되고 말 것이다.

■ 선택갈등

● 무엇을 선택하는 것이 현명한 것일까?

바다 2

정지용

한 백년 진흙 속에
숨었다 나온 듯이,

게처럼 옆으로
기어가 보노니,

머언 푸른 하늘 알로
가이없는 모래밭.

살다 보면 수많은 선택의 기로에 서게 된다. 그리고 그 기로에서 어떤 선택을 하느냐에 따라 미래의 결과가 하늘과 땅만큼 크게 달라지기도 한다.

직장생활을 하는 동안에도 수없이 많은 선택의 기로에서 갈등에 휩싸이게 된다. 상사나 동료의 부정한 모습을 목격했을 때 꾹 참고 한 번 넘어갈 것인가, 정확히 문제를 제기할 것인가.

좋은 조건의 스카우트 제의를 받았다면, 회사를 옮길 것인가, 나를 필요로 하는 정든 직장을 그대로 다닐 것인가. 직장인으로서의 경력, 가정생활과의 조화 등등 선택의 기로에서 수많은 갈등이 일어난다.

나도 40세에 직장을 그만두고 산업교육강사로 나서 오늘까지 쉬지 않고 달려왔다. 나는 강의와 프로젝트, 프로그램 개발, 기고, 연구보고 등으로 돈도 많이 벌었지만 그보다 소중한 것은 현장의 상황을 적나라하게 보는 기회를 가질 수 있었던 것이었다.

요즘 와서 우리나라의 직장인의 급여 수준이 올라가니 우리집에서는 왜 계속 직장에 다니지 않았느냐고 말을 하는데 그 당시 모든 직장의 급여는 많지 않았고 업무 관행은 매우 불합리하였다. 나는 직장생활할 때와 비교해 3배를 벌어 집안을 이끌었다.

1995년 가을. 직장을 그만둔 다음 날 능률협회교수로 대우전자 대리과정 2박 3일 교육을 프로로서 처음 맡았다. 프로강사로서 처음 시작한 강의는 지금 생각하면 무모한 열정 그 자체였다.

첫날 10시간 강의를 혼신의 힘을 다해 하였다. 후일 강의를 진행한 능률협회직원은 내가 강의하다 죽을까 봐 겁이 났다고 말했다. 프로는 날카로운 날 위를 맨발로 걷는 사람이다. 호흡 하나 흐트러지면 일을 망친다.

나는 그 느낌을 지금도 지킨다. 날 위에 선 느낌, 그 느낌으로 이 길을 간다. 이 무대에서 보장받은 것은 아무것도 없다. 과거의 업적이 아무리 화려해도 지금 기업이 필요로 하는 것을 주지 못하면 그대로 도태된다.

첫 강의를 마치고, 숙소로 돌아와서 잠을 청하니 온몸에 힘이 빠지고 가슴이 뛰고 사지에 경련이 왔다. 난생 처음 겪는 고통이었다. 강의를 계속하면 죽을 것 같다는 생각이 강렬하게 내 가슴을 파고 들었다.

이번만 하고 그만두어야겠다고 생각하고, 다음 날 수업을 시작하였는데 놀랍게도 몸이 괜찮아졌다. 아마도 그 강의의 강사료가 이전 직장 내 반달 치 급여와 같았기 때문에 그 고통을 넘길 수 있었던 것 같다.

나는 내 의사결정을 존중하였고 오늘까지 업을 계속해 오고 있다. 그 사람이 살아오면서 선택의 기로에서 어떤 선택을 하였는지를 시간의 경과에 따라 계열적으로 적어보면 된다.

그런 의미에서 그 사람의 인생은 그 사람이 갈등의 순간에 한 '선택의 합'이 된다. 나의 오늘은 내가 한 선택의 합이다. 선택의 순간에 갈등을 하지만 그 갈등을 슬기롭게 해결할 수만 있다면 우리는 제법 괜찮은 삶을 살 수 있을 것이다.

사회심리학자인 레윈K. Lewin은 갈등을 설명하는 용어의 정의를 내리면서 자신이 하고 싶은 것을 '접근'Approach, 하기 싫은 것을 '회피'Avoidance라고 명명하고, 이 둘이 동시에 부딪히고 둘 중 하나를 선택할 수밖에 없는 상황을 '갈등'이라고 하였다.

레윈의 정의에 따르면 갈등 상황은 접근-접근, 접근-회피, 회피-회피의 세 가지 상황으로 크게 나눌 수 있다.

- Approach – Approach 갈등

첫째, '접근-접근' 갈등은 하고 싶은 일이 동시에 부딪혀서 갈등이 발생하는 경우를 말한다. 어떤 사람은 그게 무슨 갈등이냐고 하지만 갈등임에는 틀림없다. 왜냐하면 몸을 둘로 쪼갤 수 없기 때문이다.

모 기업의 대구 지사에서 근무하는 김수만 씨는 지난 11월 경북대학 정보통신대학원 석사과정에 지원했고 합격하였다. 그런데 지난 번 사내 인사공모에서 수도권 지사에 지원했었는데 그곳에서도 합격통보가 왔다.

두 가지 모두 김수만 씨가 하고 싶었던 일이었다.

'대학원에서 차분히 석사과정을 공부하면서 내실을 쌓을까? 아니야, 수도권 지사에서 근무하면 경력에도 도움이 되고, 아무래도 이제 곧 태어날 아이를 키우는 데도 서울이 훨씬 좋겠지.'

이렇게 하고 싶은 일이 동시에 부딪혀 그중 하나만 선택해야 하는 상황을 접근-접근 갈등이라고 한다. 흔히 말하는 '행복한 고민'으로 갈등하는 상황이라고 할 수 있다.

• Approach – Avoidance 갈등

둘째, '접근-회피' 갈등은 하고 싶은 일과 하기 싫은 일이 충돌하면서 발생하는 갈등 상황을 말한다.

수도권 지사의 이 과장은 지사장으로부터 난처한 명령을 받았다. 실적이 부진한 몇몇 대리점과의 계약을 해지하라는 것이었다. 5개의 문제 대리점을 해지하면 개인 업적평가에서 A를 받게 되어 차장으로 승진할 수 있다. 그런데 문제 대리점 5곳 중 3곳은 이 과장이 힘든 시절에 동고동락하며 함께 일했던 아주 친한 사람들이 운영하는 곳이다. 차장 승진이 코앞인데, 함께 힘든 시절을 보낸 지인들을 버려야 한다고 생각하니 머리가 멍해지고 한숨만 나온다.

이렇게 차장승진과 계약해지, 즉 하고 싶은 일과 하기 싫은 일이 함께 부딪히는 것을 접근-회피 갈등이라고 한다. 하고 싶은 일을 하기 위해 하기 싫은 일까지 해야 하고, 하기 싫은 일을 하지 않으려니 하고 싶은 일도 못하게 되는 갈등상황이다.

• Avoidance — Avoidance 갈등

셋째, '회피-회피' 갈등은 하기 싫은 일끼리 서로 부딪혀서 괴로운 상황이다.

관리본부의 김기동 씨는 팀장으로부터 영어공부에 더 신경을 써야겠다는 지적을 받았다. 팀장은 TOEIC 점수가 750이 되지 않으면 이번 승급에 누락될 수밖에 없다고 김기동 씨를 압박했다. 사람들 사이에 관계도 원만하고 맡은 일도 척척 잘해내는 그였지만, 영어만큼은 잘 되지 않았다. 입사할 때도 영어 때문에 이곳저곳 회사의 입사시험에서 탈락하고, 어렵게 지금의 회사에 들어온 터였다. '아, 영어가 또 나를 가로막다니.' 남들보다 빠르게 승진하겠다는 기대는 하지 않고 있었지만, 남들보다 뒤처지는 것은 참을 수 없었다.
입사동기들이 모두 승진하는데, 자기 혼자 영어 때문에 승급에 누락되는 일은 정말 비참한 일이 아닐 수 없었다. 승급누락도 싫고 영어공부도 하기 싫은 김기동 씨. 시간도 없고, 너무도 싫어하는 영어를 울며 겨자 먹는 심정으로 꾹 참고 공부할 것인가, 아니면 마음 편하게 영어공부를 하지 않고 승진을 포기할 것인가.

이렇게 승진누락과 영어공부라는 하기 싫은 두 가지가 만나서 생기는 갈등이 바로 회피-회피 갈등이다. 이처럼 선택의 기로에서 일어나는 갈등의 상황은 크게 '접근-접근' '접근-회피' '회피-회피' 세 가지다. 만약 자신이 현재 선택의 상황에서 고민하고 있다면, 그것이 선택갈등의 어느 영역에 속하는지를 파악하는 것만으로도 해결의 실마리에 다가가는 지름길임을 잊지 말기 바란다.

이 갈등의 해결 방법은 두 가지 선택의 장점과 단점을 저울질하는 것이다. 천칭에 얹어놓고 어떤 쪽이 더 무거운지를 재어 더 무거운 쪽을 선택하는 것이 현명하다. 김기동 씨의 예에서는 승진을 포기하는 것과 토익점수를 위한 영어공부를 하는 것 두 개를 비교하면 하나는 선택할 수 있다. 영어공부가 싫지만 해놓으면 득이 된다. 승진을 포기하는 것보다 승진을 계속하는 것이 좋다. 그러면 영어공부를 선택하게 되고 이 갈등을 분석하기 전보다 훨씬 열심히 분명하게 목표의식을 가지고 공부를 할 수 있다.

이 해결책은 머릿속으로 두 가지 길을 다 가보는 것이다. 결과의 끝을 알 수 없으면 주위의 선배 친지들 중 먼저 가본 사람을 찾아 물어보고 참조할 수도 있다. 그 두 가지 결과를 두고 하나를 선택하고 나머지는 미련 없이 버려야 한다.

야근과 결혼기념일이 겹칠 때 결혼기념일을 선택했다면 식사하는 도중 회사로 전화를 걸어 지시를 한다든지 "나 없어도 괜찮아? 나만 빠져 미안해" 등의 말을 배우자 앞에서 한다면 결혼기념일 분위기를 망치게 된다. 계속 회사로 전화를 한다면 "그렇게 회사 일이 중요하면 왜 식사를 하자 했어? 그냥 회사로 가!" 하며 매우 기분이 나빠할 것이다. 그렇게 되면 회사일과 결혼기념일 두 가지 다 망칠 수 있다.

반대로 야근을 선택했다면 열심히 몰두하여 일을 끝내야지 일하는 도중 집으로 전화해서 "여보, 내가 죽일 놈이야. 미안해!" 이런 말을 한다면 주위사람을 거북하게 만들게 된다.

선택갈등에서 하나를 선택했다면 다른 한쪽은 있었다는 사실조차 잊는 것이 좋다. 자기의 선택을 존중하라는 것이다.

실제로 내가 채점한 사례에, 결혼하기 전 두 사람과 동시에 소개팅을 하고 끝까지 고심하던 끝에 한 배우자를 선택하여 결혼한 여자가, 잠꼬대에서 자기 배우자가 될 뻔했던 다른 사람의 이름을 부르는 실수를 하여 이혼 직전까지 간 경우도 있었다.

한 길을 선택했으면 나머지 길은 쿨하게 잊자.

우리는 지용의 시처럼 먼 푸른 하늘 아래 끝없는 모래밭을 죽을 때까지 게 걸음 걷듯 가야 한다. 갈림길이 나오면 우리는 잠시 망설이다가 사람들이 많이 간 길을 선택한다.

그 길의 끝에는 수많은 사람들의 후회가 있다. 다른 길을 갔었더라면…… 이라는 메아리가 겹쳐 끊임없이 울린다.

산을 4시간 정도 올라가면 다시 돌아가는 것보다 앞으로 난 길을 가는 것이 낫다는 것을 깨닫는다. 돌아가도 3시간 앞으로 가도 3시간, 차라리 다른 풍경이나 즐기며 앞으로 가자는 선택을 하게 된다.

40대가 넘으면 우리는 웬만한 준비가 되어 있지 않으면 이미 한 선택을 취소하기 어렵다. 만약 우리가 언제든지 우리가 한 선택을 취소할 수 있다면, 우리는 항상 출발점에 서 있을 것이다. 살아가면서 만나는 중요한 선택의 기로에서 좋은 선택을 할 수 있는 기준(준거틀)을 만들어라!

그 기준을 적용하고, 선택하고, 결과를 피드백하고, 수정하여 다음의 선택에 내가 사용할 틀(frame)을 만들어야 한다. 그런 틀을 많이 가지고 있는 사람들은 선택갈등을 잘 해결한다. 그 사람들에게 자문을 구하는 것도 좋은 방법이다.

역할갈등은 역할기대와 역할행동의 차이에서 일어나는 것이다. 호칭은 둘 사이의 관계를 나타내며, 그 호칭을 하는 사람들의 역할기대가 담겨 있다. 모든 사람들의 역할기대에 부응하려면 지쳐 죽게 된다. 그렇다고 모든 역할기대를 무시하면 욕을 먹고 살게 된다.

역할갈등을 해결하는 방법은 그때그때 자신에게 요구되는 역할행동을 할 수 있는 능력이 되고 마음이 내킬 때 미루지 말고 생각날 때 곧바로 하는 것이다.

가정과 직장은 배타적으로 선택해야 하는 것이 아니다. 둘 다 잘할 수 있게 Work & Life Balance를 이루어야 한다.

개인이 겪는 개인갈등		
역할갈등	선택갈등	역할선택갈등
호칭 역할기대 역할행동	Approach Avoidance	딜레마
하고 싶고, 할 수 있을 때 미루지 말고 하기/현명한 선택		

• 개인 간의 갈등

■ 관계로부터 생기는 갈등

● 상하관계 : 상하 간의 갈등

김영미 씨는 오늘도 감시받고 있다는 느낌을 받는다. 언제부터였을까 팀장이 어렵게 느껴진다. 결재를 올려도 번번히 반려되고, 물론 잘못은 자신에게 있었지만 다른 직원이 다 보는 자리에서 공개적으로 면박을 줄 필요는 없었는데….

'금액에 단위가 빠졌잖아!', '금액을 수정액으로 고치는 법이 어디 있어! 기본지식이 없어!' '이거 큰일 낼 친구구먼' 등이 주로 듣는 말이다.

같은 동기인 준기 씨에게는 차근차근 잘 가르쳐 주던데 영미 씨는 차별받는 기분이었다. 지난 번 휴가 신청 때 일이 많다는 팀장의 말에 자신이 할 일은 다 해두었다는 이유로 당당하게 휴가를 갔기 때문일까?

팀장은 의리를 중시하는 기질이라 일이 없어도 모두가 함께 야근하기를 즐긴다. 영미 씨는 그것이 무척 아둔한 일이며, 능력이 없거나 일과시간에 열심히 하지 않고 열심히 한다는 것을 보여주기 위하여 야근을 한다면 그것은 올바른 직장인의 자세가 아니며, 설령 야근을 할 만큼 일이 많으면 아웃소싱을 하든지 인원을 늘리는 합리적인 방법을 찾아야지 직원들의 희생을 강요하는 것은 부당하다는 생각이다.
그런 생각을 지난 번 캠미팅 때 여럿에게 피력했고 공식적인 동료들의 지지 발언도 있었다. 이 사건으로 미운털이 박힌 것일까?

영미 씨는 차별받고 있다는 생각을 한다. 상사와 갈등상황에 있다고 생각하는 것이다. 나는 영미 씨에게 다음과 같이 피드백하였다.

누구든 상사로부터 지적을 받으면 사실 여부를 차치하고 자기를 미워한다고 생각합니다. 심리적으로 거부당했다고 생각하는 것이지요. 하지만 상사는 논리적으로 바른 지적을 했다고 생각합니다.
부하직원 직장생활의 장래를 위해, 우리 팀 일을 잘하기 위해, 자기는 올바른 지적을 했다고 생각합니다. 상사의 지적을 받아들이든지 안 받아들이든지 선택은 영미 씨 몫입니다.
분명 업무 지적은 옳지만 영미 씨는 차별을 받고 있다고 생각합니다. 왜냐하면 관리자라면 칭찬은 공개적으로, 지적은 일대일로 다른 사람이 모르게 조용하게 해야 한다는 원칙을 알 것인데, 공개적으로 질책한다는 것은 다분히 감정이 개입한 것 같습니다. 어떻게든 상사가 가진 영미 씨에 대한 좋지 않은 감정을 바꾸어야 합니다. 먼저 업무상 지적받은 것은 물론 향후 지적받지 않도록 팀장과 관련된 보고나 서류는 확인 또 확인하십시오. 그리고 적당한 기회를 보아 팀에 희생하는 적극적인 모습을 보여주십시오.

대개 이런 상하 간의 갈등의 원인은 세대차, 입장의 차이, 가치기준, 성향 차이 등에 의해 발생한다. 이런 원인들 중 없앨 수 있는 것은 아무 것도 없다. 내가 태도를 바꾸는 수밖에 없다.

우리는 흔히 남을 바꾸기는 어려우니 내가 바뀌어야 한다고 말한다. 하지만 나를 바꾸는 일이 더 어렵다. 그래서 나의 인식의 틀인 'Frame'을 바꾸는 것이 유용하다.

영미 씨 사례에서는 지적을 미움, 불만의 신호로 보는 프레임을 사실 조언 코칭으로 보는 프레임으로 바꾸는 것이 현명하다.

Frame은 안경이라 생각하면 쉽다. 내가 안경이 하나 밖에 없다면 모든 상황을 그 안경 하나로 볼 수밖에 없다.

하지만 내가 선글라스도 가지고 있고 고글도 있고 여러 가지 안경을 가지고 있다면 상황에 맞는 안경을 골라 낄 수 있을 것이다.

해변가에 가거나 운전을 할 때는 선글라스를, 스키를 탈 때는 고글을, 용접을 할 때는 용접용 안경을 골라 쓰고 벗고를 선택할 수 있다.

상하 간의 갈등의 해법은 원칙적으로는 '상호이해'이다. 서로의 입장과 주장은 모두 다르다. 하지만 서로를 이해하고 서로의 상대방을 '틀리다'가 아니라 '다르다'고 생각할 때 실마리가 풀리기 시작한다. 하지만 서로 '시간이 없다'고들 한다. 기 싸움을 하면서 서로 자기에게 맞추라고 한다. 그래서 상호이해는 묘수가 아니다.

묘수는 '자신의 이미지 쇄신'이다. 팀장에게 지적받을까 전전긍긍하며 팀장의 성향으로 자신의 일을 분석하고 비난의 여지를 없애는 방어적 태도보다 적극적인 이미지 쇄신이 필요하다. "팀장님 이것 좀 가르쳐 주시겠습니까?" 이렇게 도움을 요청하는 것도 이미지 쇄신에 도움이 된다.

내 경험에 의하면 상사에게 잘못 보여 좋을 게 없다. 상사뿐 아니라 모든 사람에게 해당하는 것이겠지만 타인은 자신을 잘되게 해주지는 못해도 잘못되게 할 능력은 누구나 가지고 있기 때문이다.

더구나 팀장은 다른 사람과는 달리 내 능력을 남에게 알리고 나를 끌어줄 책무를 공식적으로 가진 사람이 아닌가! 그 사람에게 잘못 보여 어떻게 직장생활을 하려 하는가.

• 상하 간 갈등의 피해자는 아랫사람이 된다

K씨는 컴퓨터 시스템의 대가였다. IQ가 150을 넘겨 멘사 회원이었던 그는, 모 대기업의 부장으로 재직 중 타 그룹의 2세에게 발탁되어 회사를 옮겨가고 임원이 되었다. 그는 옮긴 회사에서 자리를 잡고 높은 성과를 이루어 냈다.

부사장이 된 그의 권한은 점점 커 갔고 급기야 그는 사장과의 의견차이를 공식적으로 표현할 수준에 올라 있었다. 사장은 보수적이었고 그는 공격적이었다. 급기야 이사회에서 둘은 부딪히고 사장은 그가 있으면 일을 못하겠다 했다.

사장은 왕회장을 찾아가서 '부사장과 자기 둘 중 하나를 택하라'는 강수를 두었고 왕회장의 명령에 의해 2세 회장은 그 친구를 해고했다.

그는 해고된 직후 2세 회장이 신규로 설립한 그룹의 IT를 담당하는 계열사의 대표로 갔지만 몇 년 안 되어 그만두고 지금은 실업자가 되었다.

상하 간 갈등의 피해자는 거의 대부분 아랫사람이 된다. 그것이 조직의 속성이다. 만약 아랫사람이 갈등에서 이기게 된다면 그 기업의 질서는 무너지게 된다.

여러분이 항거하고 비난하는 상사는 강자가 아니다. 우리와 똑같은 고통받는 가장이요 직장인이다. 그들이 어찌 올바른 이성이 없겠느냐? 만약 그는 우리가 비난하는 것처럼 옳고 그름을 판별할 줄 모르는 사람이라면 애초에 그 회사에 채용되지도 않았다. 그가 그런 의사결정을 내렸을 때는 '아픔이 있었을 것이다', '시간이 없었을 것이다', '상황이 강요했을 것이다', '일일이 설명하고 동의를 구하기는 구차한 변명 같아 혼자 삭이고 안고 아파하며 강행했을 것이다.' 이렇게 이해하는 프레임을 갖자.

선의로 세상을 보는 것이 우리의 할 일이다. 어떤 상황에 상사가 자기도 모르게 날 곤경에 빠뜨린다면 호의로 해석하여 선의로 답하자.

그도 사람이라면 결과는 부드러워질 것이다. 인간이 근본적으로 구제불능이라고 생각하는 것은 잘못된 생각이다.

● 동등한 관계에서의 갈등

우리나라 사람들이 아주 소중하게 생각하는 가치는 평등이다. 1894년 갑오경장 이후 우리나라는 모든 사람이 외국 귀족들이나 가지고 있는 족보와 본관을 가지고 있다. 그래서 평등을 위협하는 갈등에는 민감하게 반응한다. 이것을 잘 보여주는 이론이 있다.

• 심리적 위상이론

A와 고교동창인 친구가 있다. 친구니까 함께 술 마시고 욕도 하며 허물 없이 지낸다. 동등한 위치인 것이다.

그런데 갑자기 옆 친구가 아들이 전교 1등을 했다 자랑한다. 그러니 조금 전까지 동등했던 그들의 위상이 달라져 친구가 A보다 한 계단 높아졌다. 다급해진 A는 같은 위상을 찾기 위해 자랑거리를 찾았다.

내 딸은 전교에서 제일 키 크고 예쁘다. 그 말을 하고 나니 둘의 위상은 같아졌다.

여학교 동창들의 이야기이다. 한 여인이 자기 남편이 사장으로 승진했다 자랑했다. "어머 잘 되었네, 한 턱 내라 얘" 이렇게 말을 하지만 자리의 균형은 허물어졌다.

그래서 위상을 맞추기 위해 친구는 "내 남편은 친구들과의 술자리에서 내가 술에 취하면 차를 가져와서 날 태워간다."고 하고, 그 결과 동등해진다.

이런 식으로 계속 자랑하다 보면 한 사람의 자랑거리가 동이 난다. 그럼 어떻게 할까? 위상을 맞추기 위해 이제 자랑거리가 없는 사람은 상대의 위상을 낮춰야 한다. 그 방법은 험담을 하는 것이다. "사장이면 뭐해. 집에는 한 달에 한 번이라도 10시 이전에 집에 들어올까 말까 한다고 해."

잘난 사람이 한 명, 못난 사람이 많으면 속칭 '뒷담화'가 시작된다. 이런 사회는 감점사회이다.

못난 사람이 한 명, 잘난 사람이 많으면 끌어준다. 이런 사회는 가점사회이다. 이렇게 친구 사이는 심리적으로 수평이 되어야 한다는 이론이 심리적 위상이론이다.

동창회를 해도 같은 형편의 사람들끼리 모이는 이유도 이 심리적 위상이론 때문이다. 우리 사회의 가장 큰 악덕은 사람을 비교하는 것이다. 모두가 평등하다는 전제를 가지고 남과 비교를 한다.

수 많은 사람이 엄친아, 엄친딸 때문에 고통받고 괴로워한다. 어떤 집에서 동창회에 다녀온 아버지가 자고 있는 아들을 깨워 뺨을 때렸다. 이유는 자기 친구 아들이 서울대학교 의대에 합격했기 때문이라는 어처구니 없는 이유였다.

내 고교 동창 중에 아주 인생을 달관한 친구가 있다. 그 당시 자녀들이 수능을 보고 난 직후여서 모두 관심이 수능 점수에 있었다. 가채점 결과 그 친구의 아들이 아주 높은 점수를 받았다고 그날 술을 2차까지 샀다. 우리는 모두 부러워했고, 친구들 중 몇 명은 집에가서 아들을 쥐잡듯 잡았던 친구도 있었을 것이다. 문제는 수능점수를 발표하고 나서 대학입시를 치렀을 때 나타난다.

그 친구 아들은 서울에 있는 대학을 가지 못했다. 점수가 부족했기 때문이라 화가 난 그 친구가 100점이나 점수를 부풀려 말한 아들을 다그쳤다. 그때 아들이 한 말

"아빠, 그래도 그동안 행복했잖아요."

내 친구는 한 마디도 못했다. 사실 행복했었다. 그 행복을 준 아들에게도 감사한 마음이 생겼다 한다. 지금 그 아들은 아버지의 사업을 이어받아 아주 잘하고 있다.

• 동등한 관계에서의 갈등 : 사례와 해결책

B씨가 군대에서 이병에서 일병으로 진급할 때 내무반 전우들과 함께 부추전과 만두를 먹는 회식과 진급신고를 하는 관행이 있었다. 2,300원 정도의 월급에서 1,000원씩을 갹출하여 내무반 회식거리를 사도록 결정했다.

그런데 동기 하나가 죽어도 돈을 못 낸다는 것이다, "국가에서 밥 주고 옷 주고 다 하는데 왜 돈을 걷어 회식을 하느냐? 상부에 고발하겠다"고 강렬하게 반발하였다.

B는 속으로 참 치사하다고 생각했다. 일류대인 K대 법대 출신에 군대 오기 전 한전에 들어가 복무 중 월급도 받는 친구가 돈을 안 내려 하는 것을 보고 너무 어이가 없었다.

B가 그 친구 몫을 내고 해프닝은 종결되었다. 그날 후 그와 이야기할 기회가 있었다. 그는 7형제 중 막내로 소작농이던 부모님이 일이 없어 인천으로 날품을 팔러 온 가족이 이주했다.

7형제 중 대학을 다닌 사람은 그 혼자였고 열심히 공부했으나 고시는 실패했다. 가족 중 돈을 버는 사람은 그 혼자였고 가족의 생계를 위해 그가 군대에 있을 동안 생활비를 마련하기 위해 한전에 들어갔다 했다.

그 월급으로 가족이 산다 했다. 그는 대학 4년 동안 전철 표 2장과 도시락으로 인천에서 서울의 학교까지 다녔고 준수한 외모였지만 여자랑 커피 한 잔 해보지도, 할 엄두도 내지 못했다고 했다.

그에게는 1,000원이 생명이었다. 그 말을 들으니 '치사한 놈'이라고 생각한 B는 자신이 부끄러웠다. 미안했다고 하니 그는 그게 무슨 네가 미안할 일이냐고 했다.

B는 그런 그를 제대하고 10년 만에 광화문 교보빌딩에서 우연히 만났단다. 그는 시티뱅크 부장이었다. 가족의 생계를 위하여 계속하여 돈 많이 주는 직장만 기를 쓰고 옮겨 다녔다 한다.

그를 뺀 식구들은 모두 실업자이고 그가 번 돈으로 산다 했다. 그래서 B는 학부형인데 반해 그는 독신이었다. 아직도 인천에서 전차패스와 점심값 1,000원으로 다닌다 했다.

같이 마신 커피 값을 치르려 지갑을 찾는 동작이 느려 B가 지불했다. B는 그에게 '시지프스'를 보았다.

그 사람을 이해한다고 하면 어떤 수준까지 이해하고 있는 것인가를 생각해 본다.

첫 번째 이해의 수준은 존재를 안다는 것이다. "아, 그 사람이 있구나."

두 번째는, 다른 것과 구분할 수 있다는 것이다. "그 사람의 주장은 다른 사람들과 달리 이런 특징을 가지고 있지."

세 번째 이해의 수준은 비교가 가능한 것이다. "그 사람의 장점은 무엇이고 단점은 무엇이다."

네 번째는, 그 사람에 대해 판단을 할 수 있다는 것이다. "저 사람이 저런 말을 하면 굉장히 취한 것인데 위험하다. 집으로 데려가야겠다."

그 다음 수준부터는 논리적 수준을 넘어서 감성적 수준의 이해로 들어간다.

다섯 번째 이해의 수준은 공감할 수 있다는 것이다. "저 사람이 그런 생각을 하는 것은 이해가 된다."

여섯 번째는, 동감이 되는 것이다. "나도 저 사람과 같은 생각이 들어 동참하고 싶다."

마지막 일곱 번째 최고의 이해의 수준은 '나도 동일한 동기로 움직인다', '나도 동일한 생각으로 함께 행동한다'이다.

이런 수준으로 이해는 진전된다. 한 사람을 안다는 것은 매우 어려운 것이다. 이 세상 모두를 이 수준까지 알 수도 없고 그럴 필요도 없다.

그런 까닭에 사람들은 공수표만 날리며 얕은 인간관계를 넓게 지속하니 일상이 분주해지고 약속만 잡는다. 친한 친구와 식사를 할 날짜를 잡아보라. 함께 시간 나는 날을 찾기가 참 힘들다.

그래서 요즘은 외국에 있는 친구가 오랜만에 귀국해도 갑자기 만나는 번개미팅이 유행한다.

관계에서 생기는 갈등

상하 간의 갈등이 생기면 희생자는 아랫사람이 된다.
조직은 목표달성을 위하여 20대부터 70대까지 여러 세대의 사람들이 함께 일하는 곳이다. 상호존중과 이해가 해법이다.
다른 사람은 나를 잘못되게 할 능력이 있다. 상사와 잘 지내야 한다. 사람은 이해할수록 친해지고 믿을 수 있게 된다. 이해의 수준은 7단계가 있다.
동등한 수준에서의 갈등은 심리적 위상이론이 적용된다.
서로 평등하다는 생각으로, 특권의식, 우월의식을 가져서는 안 된다.
사람을 이해할수록 가까워진다.

■ 성향 때문에 생기는 갈등

● 잘 안 맞는 사람

우리는 사람이기 때문에 끌리는 사람이 있고 함께하기 싫은 사람이 있다. 오죽하면 만나기 싫은 사람을 만나는 것, '원증회고'를 인간의 8가지 고통 중 으뜸이라 했을까?

직장인의 복 중에 가장 큰 복이 마음 맞는 상사를 만나는 것이라 한다. 하루 중 가장 많은 시간을 함께 일하며 보내는 사람인데 서로 통하지 않으면 곤란하다.

그럼 잘 안맞는 사람과 일해야 할 때 어떻게 해야 할까?

피히테가 '독일 국민에게 고함!'이란 글을 쓰고 춘원이 한 민족 개조론에 대해 이야기하고 젊은 시절 이어령 선생은 전국 순회강연을 하면서 민족

계몽을 하셨다.
이분들의 안타까움을 이해 못하는 바 아니었건만 난 인간 개조론에 반대한다. 왜 바꾸려 하는가? 그들의 삶이 있고, 인권이 있고, 생각이 있는데 사람들을 자기 뜻대로 바꿀 수 있다고 왜 그리 오만방자하게 생각하는지. 사람은 개조하지 못한다. 개조하려면 부모들에게 A/S 맡겨 배 속으로 리콜해라. 우리가 할 수 있는 것은 착한 이웃으로 착하게 사는 것이다. 이웃들과 원만하고 상대에게 도움이 되는 것에 보람을 가지고 사는 것이다. 그런데 공동체가 그걸 못하고 좋은 영향을 주지 못하고 있다. 예전 새마을 운동처럼 도덕 재무장 운동이나 좋은 동료 되기 운동을 벌이든지 해야지.
인간은 개조의 대상이 아니라 이해의 대상이며 개조해야 할 것은 그런 생각을 가지고 있는 사람들이다.

남을 바꾸는 것은 불가능하기 때문에 내가 사람들의 마음에 들게 변화해야 한다. 그것이 기업문화에 동화하는 것이다. 신입사원은 될 수 있는 대로 빠른 시간 안에 기업문화에 동화되는 것이 좋다. 내가 하는 말과 태도에 다른 사람들이 움찔하고 이질감을 느끼면 기업문화에 동화되지 않고 있다는 것이다.

내가 회사 다닐 적, 우리팀 신입사원이 매일 5시에 기상해 우리회사 전체에서 가장 일찍 출근을 하였다. 수위아저씨보다 일찍 출근해 매일 손걸레로 다른 직원들의 책상을 닦았다. 왜 그렇게 하냐고 물어보니 당연히 할 일이라고 대답하였다. 언제까지 할 거냐 물어보니 다음 신입사원 올 때까지 하겠다 했다. 매일 책상 닦는 것을 윗사람들이 아느냐 물어보니 모른다 했다.

모르면 어떠냐 했다. 벌써 신입사원으로서 해야 할 일을 알고 기업의 문화에 동화된 것 같아 뿌듯한 마음이 들었다.

기업에 종사하는 사람은 다른 사람에게 잘 보여야 한다. 다른 사람들이 원하는 일을 해야 돈을 벌 수 있기 때문이다.

나의 미래는 어디에 달려 있는가? 내가 잘되기를 바라는 사람들이 얼마나 많은가에 달려 있다. 나와 갈등을 맺은 사람, 내가 잘못되기를 바라는 사람이 많으면 나는 잘못되게 되어 있다.

사람들에게 잘 보이는 방법을 찾는 것, 이질감을 없애고 동료의식을 갖게 하는 것이 중요하다. 사람들의 마음에 상처를 내는 철없는 언행을 함부로 하고 다른 사람들의 자존심을 공격하는 행위는 사회적으로 지탄받게 되어 있다. 하지만 자기도 모르게 그런 행동을 했다면 자기는 모르고 당한 사람만 안다. 여기서 이 갈등의 골이 깊어진다.

당한 사람의 입장에서도 드러내기 쉽지 않다. 말하는 순간 자신도 졸렬한 사람이 될 수 있고 어쩌면 인신공격을 하는 사람으로 비춰질 수 있으며 정말 그런 일이 있었냐며 검증에 들어가 시시비비를 가리면 복잡해진다.

그래서 조직에서는 이런 갈등을 정기적으로 해소하는 시간을 가지는 것이 좋다. '야자타임', '속내를 털어놓는 시간', '캔미팅'과 같은 시간을 자주 가져 자존심을 위협하는 갈등으로 서로 반목하여 일의 성과까지 망치는 경우를 방지하는 것은 관리자의 몫이요 리더십이다.

SK그룹에서는 일찍이 1980년대 초부터 '캔미팅'이라는 것을 만들어 상사와 부하를 막론한 모든 구성원이 캔맥주 하나씩을 들고 마시며 동등하게 기탄없이 자기 생각을 말하는 기회를 갖는 제도를 만들었고 그 제도를 시행하면서 시행착오가 생기자 故 최종현 회장의 지시에 따라 캔미팅 진행 매뉴얼을 만들고 교육한 적도 있다. 지금도 SK그룹 구성원들은 그 매뉴얼에 따라 캔미팅을 실시하는 것이 기업문화로 정착되었다.

회의를 자주하는 것도 한 방법이다. 한때 회의 무용론이 유행하면서 모 회사에서 모든 회의를 없애 버렸다. 어떻게 되었을까? 처음 몇 달은 잘 돌아가는 듯 보였다.

그러나 3개월이 지나니 회사 여기저기서 근거도 없고 사실도 아닌 '유언비어'가 돌기 시작했다.

사람들은 그 유언비어를 믿게 되고 회사와 직원들의 불신풍조는 회의를 하지 않은 동안 소리 없이 커져갔다. 급기야 유언비어는 직원들을 분열시켜 조직이 와해되기 직전까지 갔다.

내가 2013년 개인 코칭을 실시했던 국내 최고회사의 한 임원도 업무 성과를 위해 직접 불러 지시하고 그 대신에 회의를 하지 않는다고 했다. 내가 회의를 없애 망할 뻔한 회사의 사례를 말해주고 회의를 신설하는 것이 어떠냐고 권고하였다.

내 코칭과 그 사례를 듣고 동의한 후 그는 회의의 중요성을 깨달은 듯하였다. 그 임원은 문제가 생길 때마다 그 직원을 직접 불러 지시하던 관행을 깨고 일주일에 한 번 회의를 신설하여 소통하는 시간을 갖게 하였고 월말이 있는 주는 회의를 두 번 하여 목표와 실적의 진행상황을 전 팀원이 공유하니 생산성도 향상이 되는 것을 느꼈다 한다.

관리자에게 점심식사나 저녁식사는 업무의 연장이고 회식 시간은 팀의 화합을 위협하는 갈등을 발견하는 시간이다. 팀원들과 돌아가며 함께 식사하면서 소통해야 한다.

회식하면서 분위기를 관찰하여 누구와 누가, 어떤 팀과 어떤 팀이 관계가 소원한지 갈등이 있는지 진단적 정보를 습득할 수 있는 시간으로 활용해야 한다.

우리나라는 자기와 관련된 타인의 삶에 관심이 많다. 예전에는 그 관심이 자기와 상대를 비교하고 분투하고 노력하게 하였고, 그것이 고도 성장기에는 성장동력이 되었지만 지금은 그것들이 고스란히 남아 사회갈등의 주범으로 되어 버렸다.

다음은 사이가 좋지 않은 사람들 사이에 일어나는 갈등은 어떤 것인지, 그 해결책은 무엇인지 알아본다.

그 갈등은 대개 다음의 표와 같은 진행과정을 겪게 된다.

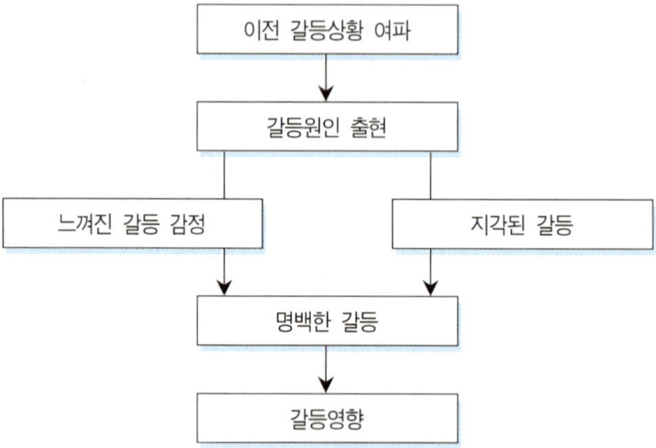

아파트 아래 위층에 살면서 층간 소음 때문에 몇 번 다툰 적이 있는 같은 유치원 학부형들의 사례를 보고 위의 표를 보면 이해가 쉬울 것이다.

먼저 이들은 예전에 한 번 다투어 좋지 않은 감정을 가지고 있고 그 앙금이 풀리지 않은 상태이다. 그런데 또 다투어야 하는 상황이 발생한 것이다.

층간 소음 때문에 윗집과 좋지 않은 감정으로 인터폰으로 몇 번 대화를 했는데 정말 교양이 없었어요.

그런데 우리 아이와 같은 유치원에 다니는 그 집 아이가 우리 아이와 같이 한 아이를 꼬집어 흉터가 나서 유치원으로 불려가는 중입니다. 역시 교양 없는 집이라 좋은 영향을 받았겠습니까? 그 집 아이는 왜 우리 아이를 망치려 하는지 모르겠네요. 성장과정에서는 좋은 친구를 만나야 한다고 하던데.

이상은 아랫집 어머니의 말이다. 다음은 윗집 어머니의 말을 들어보자.

아랫집 어머니는 성깔이 보통이 아니에요. 아주 신경질적이지요. 우리는 그 집 때문에 저녁에는 발뒤꿈치를 들고 다닙니다. 게다가 오늘은 그 집 아이에게 나쁜 영향을 받은 우리 아이가 한 아이를 함께 꼬집어 상처까지 냈다고 하네요. 지금 유치원으로 불려가는 중인데 그 엄마는 정말 만나고 싶지 않은데 어떻게 표정관리를 해야 할지 고민입니다.

먼저 어떤 경우에서든지 두 사람 간의 감정이 좋지 않은 상황에서 해결되지 않고 덮어둔 갈등이 어떤 일이 계기가 되어 또 다른 갈등이 촉발된다. 그러면 예전에 느꼈던 안 좋은 감정이 지금 갈등과 겹치면서 지금 상황을 명백한 갈등으로 몰아가는 것이다.

사이가 좋지 않아 매번 싸우는 김 대리와 이 대리. 지난 번 해외출장을 서로 가겠다 하여 다투다가 팀장이 화가 나 다른 사람을 보내버려 그 후 감정이 좋지 않았다.
오늘은 중요한 업무를 서로 맡겠다고 신청하였다. 팀장은 누구든 한 명이 양보하라 하였다. 그때 두 사람은 지난 번 해외출장 건으로 갈등을 겪었던 일이 생각났다.
이번은 결코 밀리지 않으리라 결심한다. 둘은 서로가 안 되는 이유를 설명하고 강력하게 대립한다. "내가 이 일을 못해도 좋아. 하지만 저 사람이 하지는 못하게 만들 테야." 두 사람은 강한 결심을 한다.

우리 주변에 이러한 사례는 얼마든지 있다. 모든 비극적 연애소설의 전형이 되는 '로미오와 줄리엣'부터 조상들의 자기 논에 물 대기 싸움이 발단이 되어 평생 원수처럼 지내는 이야기는 허다하다.

이런 갈등의 해결은 서로가 느끼는 감정을 솔직히 말하면 해결책이 보인다. 자, 해결을 위한 화법으로 전개해 보자.

이 대리 : 지난 번 해외출장 건도 김 대리 당신 때문에 우리 둘 모두 못 가게 되었잖아.

김 대리 : 무슨 소리 나야말로 피해자야.

이 대리 : 지금 이 일도 서로 맡겠다고 하면 지난번처럼 없던 일로 될 게 뻔한데 이번엔 김 대리 자네가 양보해 주면 다음은 필히 내가 자네를 밀어주겠네.

김 대리 : 무슨 소리 이번엔 이 대리 자네가 양보해 줘. 그럼 공정하게 가위바위보로 결정하지. 단판승부야.

이 대리 : 좋아!

이렇게 대화가 시작되면 해법이 보인다. 독자 여러분은 어떻게 생각하는가? 민주화 투쟁으로 일군 1980년 '서울의 봄' 당시 양 김 씨도 저런 대화를 했었더라면 둘 사이의 갈등이 원만히 해결되지 않았을까?

● 평등을 위협하는 갈등

우리나라에서 조직을 관리하는 사람들은 위화감을 주어서는 곤란하다. 2014년 서울시장 선거에 나오는 사람들마다 보도 자료를 보면 노숙자나 고령자 등 소외받는 사람들의 급식소에서 가장 중요한 밥을 배식하는 장면을 홍보사진으로 사용하고 있다. 그 이유는 아무리 훌륭한 사람도 하루 세 끼 이상은 먹지 않고 너도 세 끼 나도 세 끼 재벌도 세 끼 모두 동등하게 먹는데 있다. 그러므로 밥을 배식하는 것이 동질성을 강조하는 핵심전략이 된다. 그런 관점에서 평등을 위협하는 갈등의 해법을 찾아야 한다.

얼마 전 모 대학의 청소 노동자의 계약서가 신문에 공개되어 세상을 떠들썩하게 한 적이 있다. 그 조항을 보면 우리가 아연실색할 정도이다. 그 기사 일부를 공개한다.

> 국내 54개 대학의 청소 용역 계약서를 분석한 결과, 상당수 대학이 청소 노동자에게 '친절'과 '순응'을 강요하거나, '잡담'과 '배회', '불쾌한 인상' 등을 금지하는 인권 침해적인 계약을 맺고 있는 것으로 확인됐다.
> 26일 민주당 을지로위원회와 민주노총 공공운수노조·연맹 서울경인지역서비스지부(이하 서경지부)는 이 같은 결과를 보여주는 국내 54개 대학의 2013년도 또는 2014년도 청소 용역 계약서 사본 일부와 분석 결과를 공개했다.
> 지난달 근로조건 개선을 요구하며 청소 노동자들이 파업을 벌였던 중앙대에서도 노동자들의 콧노래와 잡담, 소파에서의 휴식 등을 금지하는 용역 계약서가 발견돼 사회적 논란이 일었다.
> 청소 노동자는 관리자 등의 지시에 '순응'하고 항상 '친절'해야 한다는 내

용을 계약서에 명시한 곳은 계약서를 확보한 54곳 중 13개(24.1%) 대학이었다.

국립대인 금오공대는 "청소원은 근무 중 교직원 및 학생과 분쟁을 일으키지 않도록 하며, 항상 친절하게 응대해야 한다"는 조항이 있었고 제주대는 "청소원은 타인에게 혐오감을 줄 정도의 얼굴 및 몸치장을 금한다"는 내용을 계약서에 포함해 놨다.

논란이 됐던 중앙대와 마찬가지로 근무 중 '잡담'을 금지하고 있는 대학은 7곳(13.0%)이 확인됐고, 배회 금지(근무지 이탈 금지)를 명시한 대학은 12곳(22.2%)이 있었다.

청소 노동자를 '잠재적 범죄자'로 취급, 신상 조회를 의무화한 대학도 5곳(9.3%) 발견됐다. 국립대인 한국예술종합학교는 "현장 책임자는 도급원(청소 노동자)에 대한 신상 조사를 철저히 해 도난, 분실 등 사고를 미연에 방지하기 위한 모든 대책을 강구하여야 한다"는 내용이 담긴 계약을 용역 업체와 체결했다.

행사 준비, 집기 운반, 제초 작업 등을 위해 원청(대학)이 청소 노동자 동원을 요청하면, 이를 반드시 따르도록 한 대학도 33곳(61.1%) 확인됐다. 이 가운데 서울대, 경남 과기대, 경인교대 등은 "동원을 이유로 청소 노동자(또는 업체)는 반대급부를 요구할 수 없다"는 내용도 포함하고 있다.

ⓒ프레시안(최형락)

위의 청소 노동자들의 근로조건을 보고 사회 대다수가 분개하고 있다. 이것은 당한 사람이 공개하지 않으면 당연한 관행으로 지속되었을 것이다.

얼마 전 서해안 섬에 장애자들이 팔려가 노예생활을 한 고발 프로그램도 방영이 되었다. 요즘 같은 세상에 있을 수 없는 일들이 자행되고 있는 이유는, 당사자들이 공개적으로 표현할 수 없어 알려지지 않고, 이에 모든 사람들이 문제로 인식하지 못하기 때문이다. 군대 내 가혹 행위로 목숨을 잃는 사건도 보안이라는 구실로 덮어두다 밝혀지게 된다는 점에서 같은 맥락이다.

우리가 사회적 약자의 삶에 관심을 기울여야 하는 이유는 그 사람들은 자기 자신을 표현하기 힘들고 평소에 그들의 삶은 우선순위에서 밀려있기 때문이다.

성향에서 오는 갈등

우리는 사람이기 때문에 잘 맞는 사람과 안 맞는 사람이 있다. 잘 맞고 편한 사람과 자주 만나게 되고 그것은 삶을 풍요롭게 한다. 그러나 지나친 파벌의식은 공동체 전체의 건강을 위협한다.

특히 평등의식이 강한 우리나라에서 눈에 보이든 보이지 않든 차별이 존재하고 명시화된다면 모든 사람들은 저항할 것이다.

우리 사회를 지탱하는 근본적 가치는 평등이다. 그 가치를 존중하는 것이 갈등을 일으키지 않는 좋은 태도이다. 가정에서 자녀들을 편애하지 말고 학교에서는 선생님이 학생을 차별하지 말고 사회 전체적으로는 소외계층에 등 돌리지 말고 모두 함께 산다는 공동체 의식이 중요하다는 것을 인식하고 실천해야 한다.

집단갈등

• 업무 외 갈등

■ 비공식 조직Informal Group의 갈등

사례 1

이번 인사에 과장 승진대상자 중 공채 3기가 모두 탈락되고 4기와 5기가 대거 발탁되었다.

문제가 있다고 느낀 김기수 씨는 회의실에서 동기생 회의를 소집했다.

김기수 씨 : "어서 모여봐! 모두 소식 들었지?"

회의실에 모인 공채 3기 동기들이 모두 흥분해서 화를 내며 이야기하고 있다.

"이건 정말 너무하잖아!"

"우리 3기를 어떻게 보는 거야?"

"왜 진급에 우리 기수만 빠지냐고!"

회의에 자유로운 발언이 진행되던 중 갈수록 감정적인 발언이 주류를 이루게 된다. 급기야 억울한 감정이 고조된 공채 3기는 인사담당 상무 방 앞에서 농성을 하기로 했다.
머리에 띠를 두르고 화난 표정으로 자리에 앉은 공채 3기 동기들은 김기수 씨가 결의문을 읽고 있을 때 주먹을 허공에 내두르고 있었다.

"각성하라, 각성하라!"
"3기는 투명인간인가!"
"3기에 대한 차별을 철폐하라!"

해결 이런 경우는 매우 드문 경우이다. 인사는 회사 내에서 정치적인 의미를 가진다. 만약 승진에서 공채 3기를 모두 탈락시켰다면 그들에게 소외를 통보한 것이다.
이 사례는 공채 3기를 추가로 3명 진급시켜 마무리되었지만 그 앙금은 1년 내내 갔다.

사례 2

통근 시간을 1시간 30분 이내로 하기 위해 통근버스노선을 조정하자 없어진 승차위치에 거주하는 사람들이 불만을 갖게 되고 그들은 부당한 처사라며 각자 불만을 토로했지만 인원이 적어 목소리를 내지 못하고 한편으로는 조정의 취지에 공감하고 회사가 개개인의 사정을 다 살펴줄 수 없으며 나의 편리가 다른 사람의 불편을 가져온다는 생각에 각자가 불편을 감내하기로 했다.
해결 사람들이 모여 불편을 호소하자 카풀제를 실시하여 그 유류대를 지원하기로 결정 났다.

두 가지 사례는 직장에서 과거에 일어난 집단갈등의 사례를 모아 정리해 본 것이다. 사례는 동일한 방향으로 움직이고 있다. 차별을 받아 억울하다는 사람들이 모여 갈등을 토로하는 사례들이다.

경영학자인 F. J. Roethlisberg는 회사조직에 대해 다음과 같이 주장했다.

'경영조직은 기술적 조직과 인간조직으로 구성되어 있고, 인간조직은 공식조직과 비공식 조직으로 구성되어 있다.'

기술적 조직은 물자의 효율과 효과를 추구하는 비용의 논리에 의해 좌우된다.

인간조직의 공식조직은 기술적 조직과 동일하게 능률의 논리에 의해 움직인다. 그런데 유독 비공식 조직은 그 집단을 구성하고 있는 사람들의 감정에 의해 움직인다.

집단갈등은 이 비공식 조직의 감정 관리가 핵심이 된다. 자기만 혹은 자기 동기만 손해보고 있다는 생각, 홀대받고 있다는 생각, 박해받고 있다는 생각이 홀대받은 사람들을 모으게 된다.

사람들은 박해받거나 약한 처지에 빠지게 되면 뭉치게 된다. 집단으로 모여 자신의 억울함을 토로한다. 집단 민원, 사보타주, 단식 농성이 그 경우이다.

집단갈등은 이런 비공식 조직의 감정 관리를 잘 못하여 생기는 갈등이다.

다분히 정치적인 갈등이지만 직장 내에서 무시할 수 없는 갈등으로, 이러한 집단갈등은 그들의 감정, 자존심을 잘 관찰하여 건드리지 않는 것이 중요하다.

형평과 공평은 다르다. 하지만 대규모 조직에서는 능력뿐 아니라 안배도 중요한 고려요소가 되어야 한다. 국정에 있어서도 지역 안배를 고려해야 한다. 특정지역의 인재만 등용할 경우 부패구조가 생길 우려가 있고 소외 지역의 인재에게는 등용의 기회가 박탈되는 결과를 가져온다.

첫 번째 사례와 같이 공채 4, 5기에 우수한 인재가 모여 있다 해도 공채 3기를 모두 뺀다는 것은 누가 봐도 형평성에 어긋난 일로 보일 수 있다.

논리는 전개할수록 정제되고 감정은 전개할수록 증폭된다. 오래된 갈등은 악만 남는다. 모든 조직이 비공식 조직을 인정하지 않지만 비공식 조직은 어떤 조직에나 있다. 마음에 드는 사람, 배짱이 맞는 사람, 술을 좋아하는 사람, 담배를 못 끊는 사람, 같은 흥미나 성향을 가진 사람들이 다수 모이면 자연스럽게 비공식 조직이 형성된다.

인사, 조직 업무를 하는 사람은 이 실존하는 비공식 조직의 동향과 그들이 갖는 심정의 향배에 관심을 기울여 "박해받았다, 억울하다"와 같은 섭섭한 마음이 생기지 않게 사전관리를 해야 한다.

이 갈등에서 사전관리는 배려로 생각하지만 사후관리는 굴복이라는 생각이 강하다. 이왕 할 것 배려함이 좋지 않겠는가?

나는 인사부서 매니저를 할 때 각종 취미클럽 회장과 세대별 오피니언 리더들을 모아 그들의 생각을 들었고 어떤 갈등들이 있는지를 관찰하였다. 그 덕분인지 내가 재직하고 있었던 기간에는 한 번도 노사분규가 일어난 적이 없었다.

업무 외 갈등 / informal group의 갈등

사람들의 감정에 신경 쓴다는 것은 피곤한 일이다. 하지만 인사 조직의 담당자들은 사람들의 감정을 읽을 수 있어야 한다.
감정을 읽고 억울함을 들어주면 선제적으로 감정관리가 되고, 감정이 증폭되어 손 쓸 시기를 놓치면 힘들어진다.
조직진단의 포인트는 회사 내 비공식 조직의 감정을 파악하는 것이다. 사람들이 많이 모여 구호를 외치고 있다면 억울하다는 것이다.
심히 억울하면 길을 막는다. 길을 막고 물어본다. 과연 이렇게 부당한 처우를 받아도 되는지!

■ 조직갈등

● 니가 가라 하와이

사례 1

여당의 중진 P의원과 야당의 중진 P의원은 대학도 동기이고 검사 생활도 함께하여 매우 친한 사이이다. 그들은 TV 토크쇼에서는 그들의 친분을 이야기하지만 심야토론에서는 서로 첨예하게 대립한다. 그러나 서로 잡아먹을 듯 다투던 사람들이 토론이 끝나면 친한 상태로 돌아간다. 영어에서는 집권당을 Ruling Party라 하고 야당을 Opposition Party라 한다. 그들이 속한 조직이 그들을 조직갈등에 빠지게 한다. 의원들은 당론대로 움직여야 한다. 이들처럼 상호 간의 입장을 이해하여 처신을 하면 좋은데 자칫 첨예하게 대립되는 상황이 계속되면 평소의 친분마저 잃게 되는 경우도 있다.

국회에서도 잡아먹을 듯 싸우던 의원들이 방송용 카메라 램프가 꺼지면 아주 친한 사이로 돌변한다는 현장 카메라기자의 증언도 있다.

사례 2
개봉 당시 흥행신기록을 경신했던 영화 「친구」도 이런 조직갈등을 다루고 있다. 서로 대치하는 조직의 보스인 '동수'와 '준석'은 조직의 명령에 따라 상대를 제거해야 하고 '준석'은 그 갈등상황을 피하기 위해 동수를 '하와이로 가라' 한다. 동수는 '니가 가라 하와이…'라는 말로 동수의 제의를 거절한 후, "고마 해라 많이 무따 아이가……"라고 지금도 회자되는 말을 남기고 죽게 된다.
이런 갈등을 이해 못하는 관객들은 준석이가 동수를 죽이라고 지시하지 않았다고 믿고 싶어 한다.

이런 조직갈등은 개인이 조직의 의사결정을 따라야 한다는 생각과 개인의 친분관계가 부딪혀서 생긴다. 이것은 배우가 자기의 생각과는 관계없이 대본대로 연기를 해야 하는 베이컨의 '극장의 우상'과 일맥상통한다.

• 업무 때문에 생기는 집단갈등

■ 견제와 균형의 업무관계 : 견제와 균형 속에 증폭되는 갈등

앞의 사례와는 달리 회사는 공동의 목표를 가진 조직이다. 하지만 그 단위 조직이 일하는 방식, 성과평가 기준의 차이, 사람들의 성향에 따라 서로 부딪히는 조직갈등이 자주 생긴다. 다음의 사례를 보며 생각해 보자.

사례

경리팀 김 과장은 사내에서 '칼'이라는 별명이 있을 정도로 '원칙주의자'이다.

오늘도 그는 전표를 결재하다가 팀원에게 마케팅팀 회계담당인 이성호 씨를 호출했다.

동일한 날 같은 가게에서 영수증이 두 개가 올라온 것이다. 내부 전결규정인 10만 원 이내를 지키기 위해 20만 원 접대를 하고 카드 영수증을 10만 원짜리 두 개로 분리한 것을 적발해 낸 것이었다.

"이성호 씨 바른대로 대! 이 전표 나눈 거지! 난 결재해 줄 수 없어." 김 과장은 화가 나 이렇게 통첩했다.

혼쭐이 난 이성호 씨가 마케팅팀 직속 상사인 최 과장에게 보고하자, 최 과장은 화가 나서 경리팀으로 내려가 다투기 시작했다.

최 과장 : 왜 결재를 못 해준다는 겁니까?

김 과장 : 영수증을 분리한 것이 빤히 보이잖아요. 같은 시간 같은 식당인데 왜 영수증이 두 개가 됩니까?

최 과장 : 일 하다 보면 그런 수도 있지 좀 봐줘요. 다 회사 일 하는 데 들어간 비용인데…

김 과장 : 규정에 없습니다.

최 과장 : 일하자고 만든 게 규정 아니오. 또 어긴 게 어디 있어. 한 건에 10만 원이라는 규정에 맞춰줬는데.

김 과장 : 전표분리가 규정에 맞아요?!

최 과장 : 규정이 그러니 분리를 했지요. 우리 규정대로 하면 마케팅은 모두 손 묶고 있어야 해요. 요즘 10만 원이면 거래처 접대하러 포장집도 못 갑니다.

이들의 실랑이를 듣고 있던 경리팀장은 '김 과장, 이번 한 번만 해주세요'라고 지시하여 이 사태는 일단락났다.
그 후 경리팀에서는 마케팅팀에서 올라오는 전표는 예의 주시하라는 김 과장의 엄명이 떨어지고, 마케팅팀에서는 경리팀의 모든 사적인 요청은 거절하라는 최 과장의 지시가 있었다.

어떤 회사든 개성이 강한 사람들이 꼭 있다. 이들은 자신이 생각하는 것이 옳다고 느끼고 남들을 자신의 틀에 넣어버리려는 생각이 강하다. 그들과 일하는 사람들은 주위로부터 따돌림을 받거나 비난을 받게 된다. 자연 같이 험담을 하게 되는데 이때 현명한 처신이 필요하다.

상사의 지시가 감정적일 때 원칙을 어기지 않는 선에서 상대팀이나 부서의 요청을 받아주는 것이다. 내가 만약 경리팀의 김 과장 직속의 대리라면 마케팅팀의 전표에 대해 정상적인 업무로 사용한 비용인지 사적인 비용인지를 파악하고, 정당적 업무에 지출한 비용으로 밝혀지면 전표를 분리하지 않으면 안 될 피치 못할 사유가 있었는지를 미리 물어보고 결재를 하여야 한다.

만약 김 과장이 지적을 하면 기표부서 대신 말할 근거를 알고 있으므로 그 근거를 대고 자기가 욕을 먹으면 팀 간의 평화는 지켜진다.

그렇다고 김 과장이 자기를 미워할까? 천만에. 김 과장은 그를 자기의 모난 성격을 잘 보완하는 현명한 직원으로 평가할 것이다.

조직 간 갈등은 각 단위 조직의 고유한 임무가 다른 조직의 임무와 부딪힐 때 생기는 갈등이다.

실적을 내기 위해 모든 방법을 다 동원해야 하는 영업과 회사 운영에 형평성을 강조하는 관리의 갈등, 생산일정과 생산능력이 논리적으로 지배하는 생산팀과 팔 수 있을 때 많이 주문을 받아 오는 판매팀 간의 생산과 판매의 갈등이 그것이다. 이런 갈등은 건설적이기는 하나 장기간 계속되면 집단갈등으로 바뀌기 쉬우므로 관련부서의 상위자와 구성원들의 조정회의coordination meeting가 자주 필요하다.

회사의 공동목표인 성과달성을 위하여 서로에게 무엇을 해줄 수 있는지를 찾아야 한다.

케네디의 유명한 연설이 그것을 단적으로 말해주고 있다.

"국가가 그대를 위해 무엇을 해줄 수 있는가 묻지 말고 우리가 국가를 위해 무엇을 할 수 있는가를 물어봅시다."

서로가 원하는 것을 요구하고 주장할 때 충돌하기 쉽다. 반대로 서로에게 무엇을 해줄 수 있는가를 찾을 때 이 갈등은 의외로 쉽게 풀린다. 케네디는 그것을 알고 연설에 사용한 것이다.

■ 의혹게임과 신뢰게임

이 세상에는 두 종류의 게임이 있다. 상대를 믿어야 성립하는 신뢰게임과 불신해야만 성립되는 의혹게임이 있다.

연애, 사랑, 봉사, 기부 등은 신뢰게임이고, 사업, 금전대차, 고스톱, 포커 등은 의혹게임이다.

회사에서는 인사, 기획, 연구개발은 신뢰게임이고 감사는 의혹게임이다. 감사가 신뢰게임을 하면 적발할 수가 없기 때문이다. 그래서 검사가 피의자를 볼 때 모든 피의자가 범죄자란 생각에서 보아야 증거를 수집할 수 있다.

회사가 처음 다른 회사와 거래를 할 때는 신용조회를 한다. 의혹게임인 것이다. 그 회사와 거래가 계속되고 서로 성실히 상호이익을 존중하면 신뢰게임으로 바뀌게 된다.

갈등은 의혹게임에서 시작하여 신뢰게임으로 끝나야 한다. 이때 의혹게임을 업으로 하는 사람은 갈등에 빠지게 된다.

집단 / 업무 갈등

조직갈등을 야기하는 사람은 속칭 FM(Field Manual)들이다. 곧이곧대로 융통성이 없거나, 권력을 과시하는 것이다.

회사의 목표를 달성하기 위해 일하면서 사람들의 감정을 상하게 할 필요는 없다. 규정대로 모든 것을 처리한다면 사람들이 왜 필요한가?

사람들이 필요한 이유는 상황에 대한 올바른 판단을 하기 위해서이다. 사람들마다, 조직마다 판단의 기준이 다르다.

마케팅이나 영업팀은 불균형을 추구하지만 생산이나 관리는 균형을 추구한다. 하지만 이 기준을 통합하는 것은 회사의 목표달성이다.

■ 구조적 갈등

● 언제 이 부조리는 해결될 것인가?

세상이 어떻게 바뀌어도 부자가 있고 빈자가 있다. 부자는 욕심이 있고 빈자는 욕심이 없다. 부자는 더 부자가 되기 위해 열심히 일을 하지만 가난한 사람들의 근로의욕은 부자에 비해 크지 않다.

국가는 역동적으로 일하고 세금을 많이 낼 사람이 많으면 좋다. 자연 부자를 위한 정책이 장려되고 실행된다. 부자는 세금을 많이 내야 한다. 소득이 있는 곳에 세금이 있기 때문이다.

그런데 세금 많이 낸 것을 자랑하는 사람은 봤어도 많이 내고 싶어 안달하는 사람은 못 보았다.

사례 1

우리나라는 유독 양궁, 쇼트트랙, 피겨스케이팅, 필드하키, 핸드볼, 탁구 등 스포츠 방면에서 여성들이 두각을 나타낸다. 왜 우리나라에서만 이런 현상이 생겼을까? 여성이 남성보다 우월해서 그런가? 나는 그렇게 생각하지 않는다. 양성은 차이가 없다. 하지만 사회적으로 눈에 보이지 않고 드러내지 않는 차별이 존재하니까 그 갈등을 극복하기 위해 여성이 분투적으로 노력했고 그 노력하는 자세가 여성들에게 생존을 위해 필수적이라고 전해져서 여성이 시험을 봐도 스포츠를 해도 우수한 성적을 내는 것이라고 생각한다. 공사에서 수석 졸업생이 여성생도가 된 것이나, 모든 국가임용고시에 여성이 두각을 나타내는 것 또한 마찬가지이다.

구조적 갈등은 갈등의 원인과 이해당사자들이 너무 많아 하나를 해결하면 또 다른 곳에서 갈등이 생기는, 시대가 만든 갈등이다. 대개 젊은 사람들이 노력해도 해결할 수 없는, 조직의 벽이라고 느끼는 갈등이다.

오랜 관행으로 굳어진 부조리, 비능률, 이상과 실제 간의 차이 등에 의해 느끼는 갈등. 하지만 누구 한 사람이 나서 해결할 수 없는 갈등이며 반대로 많은 사람들이 원하면 해결되는 갈등이기도 하다.

남녀의 임금차별, 승진차별, 기득권자들의 기득권 수호를 위한 시스템의 구축, 많이 버는 사람이 세금은 적게 내고 부는 대물림하고 가난도 대물림되고 열심히 일해도 신분상승의 가능성이 없는 사회구조, 이런 것들이 그 종류이다.

종래에는 많은 이상주의자, 개혁주의자들이 체제에 대한 도전을 해왔다. 그들은 순교도 했고 박해도 받았고 혹 어떤 이들은 중용되기도 했다. 그래서 대부분의 사람들은 이런 갈등을 드러내려 하지 않는다. 술자리에서 안주 삼아 푸념을 하는 게 고작이다.

하지만 지금의 2010년대는 개혁이 아침저녁 사이에 일어나고 있다. 개혁이란 오랜 시간 굳어진 그 시대의 논리를 지금의 시대정신으로 맞추어 가는 과정이다.

지금 같이 변화가 빠른 시대에는 이제 구조적 갈등은 빠른 속도로 없어지고 있다. 지금 여러분 조직에 구조적 갈등으로 고민하는 사람이 많다면 변화가 더딘 조직이라 할 수 있다. 잘못을 바로 고칠 수 없어 고민하는 조직은 경쟁력이 약하고, Time To Market하지 못한다 할 수 밖에 없다. Time To Market이란, 변화하는 시장을 따라 잡는 것이라는 뜻이다.

이 구조적 갈등은 Trend를 타면 해결된다. 이제 금연 트렌드가 일반화되니 공공구역이나 식당, 술집 등에서의 흡연이 금지되고 있다. 비흡연자들이 겪었던 구조적 갈등은 이제는 사라지고 없다.

아직도 부하 직원에게 사적 심부름을 시키는 상사가 있다면 그는 시대착오적인 사람이 될 것이다. 구조적 갈등은 해결을 원하는 사람이 많으면 저절로 해결이 된다.

이것이 사회의 발전과정과 같다. 우리는 트렌드를 읽고 시대에 뒤떨어지는 구조적 갈등의 희생자가 되는 것을 경계해야 한다.

사람들은 부모를 욕하면서 배운다. 상사들을 비난하던 자신이 어느 날 상사처럼 된 것을 보고 놀랐다 한다. 회사에서 자신의 직속상사가 임원이 되지 못한 사람은 임원이 되기 힘들다는 속설도 있다.

사례 2

금연이 트렌드가 되면 더러워서라도 금연해야 한다. 담뱃값은 비싸지고 흡연실에서 다른 사람들의 담배연기까지 맡아가며 흡연할 수는 없다.

술 권하는 사회에서 술 안 먹는 사회로 이행하고 있다면 그 트렌드에 따라야 한다.

나도 작년 대학동기들과 1박 2일 골프여행을 갔었는데 내가 가지고 간 아주 좋은 30년산 양주를 모두 한 잔 이상 먹지 않아 반 병밖에 비우지 못했다.

내가 "다들 나이가 드니 술을 먹지 않는구나"라고 말했더니 대부분 교수인 친구들은 예전에는 교수를 하려면 학생들과 술을 자주 마셔야 해서 술을 잘 마셨는데 요즘은 학생과 술을 잘 마시지 않으니 술을 먹지 않는다 했다.

요즘 모 회사에서는 회식할 때 2, 3차를 금지한다. 그 회사에 계속 다니고 싶으면 1차에서 끝내는 적응력을 키워야 한다.

SK인더스트리현. SK케미컬에 회의를 24시간 한 임원이 있었다. 그는 전설이었고 그의 후배 임원도 임원이 되니 10시간 넘게 회의를 했다.

그렇게 욕하고 경멸하던 사람을 닮아가는 것을 아름답다고는 하지 못할 것이다. 시대가 바뀔 때 내가 바뀌지 못하고 걸림돌이 된다면 내가 갈등의 원인제공자가 되는 것이다. 그런 사람은 되지 말자.

구조적 갈등은 Trend를 타면 해결된다. 시대정신을 읽고 시대를 앞서 자신의 행동을 수정하여야 한다.
성희롱, 청렴, 직업윤리 등 점점 투명해지는 사회에 적응할 수 있어야 한다. 금연 빌딩이 늘어나면 담배를 끊는 것이 편해지는 지름길이다.

2_ 갈등의 종류

1. 개인갈등

1) 개인이 직접 겪는 갈등
   (1) 역할선택갈등
   (2) 역할갈등
   (3) 선택갈등
2) 개인 간의 갈등
   (1) 관계로부터 생기는 갈등
   (2) 성향 때문에 생기는 갈등

2. 집단갈등

1) 업무 외 갈등
   (1) 비공식 조직의 갈등
   (2) 조직갈등
2) 업무 때문에 생기는 집단갈등
   (1) 견제와 균형의 업무관계 : 견제와 균형 속에 증폭되는 갈등
   (2) 의혹게임과 신뢰게임
   (3) 구조적 갈등

3

갈등의 원천

갈등은 어디에서 오는 것일까?

갈등은 어디에서 오는가? 라는 인과율적인 접근을 통해 갈등의 원천과 원천별 해결책을 모색한다. 갈등의 종류에 관심을 갖는 것이 경영학의 리더십분야라면 갈등의 원천은 심리학에서 다루는 주제이다.

갈등의 원천은 심리학에서는 자원의 부족, 상이한 목표, 상이한 수단, 자존심 공격, 세대차, 갈등을 유발하는 직업 등으로 나누고 있지만, 3장에서는

1. 자원의 부족에서 오는 갈등 및 해결책
2. 목표가 달라서 오는 갈등 및 해결책
3. 목표는 같은데 수단이 달라서 오는 갈등 및 해결책
4. 대규모 재난에서 오는 집단 히스테리로 나누었다.

2장이 귀납적이라면 3장은 연역적이다. 논리적이라는 말이다.

이론에 자신의 사례를 대입하는 해석능력을 가지면 해결책을 몸에 붙일 수 있다.

3장이 끝나면 갈등에 대한 일가견을 가진다고 할 수 있다.

책을 읽기 시작하는 사람은 3장까지는 내쳐 읽기를 권한다.

자원의 부족에서 오는 갈등 및 해결책

• 사랑을 먹고 살 수는 없다

■ 엘비라 마디간

이 밤 엘비라 마디간이 생각난다. 스웨덴 영화 '엘비라 마디간'은 모차르트가 작품모차르트 - 피아노 협주곡 21번, 안단테으로 만든 곡이기도 하다. 귀족 출신의 젊은 오스트리아 기병장교 식스틴과 눈이 맞아 야반도주한 곡마단 줄타는 소녀 엘비라와 기병장교 식스틴은 탈영병이 되어 함께 쫓긴다. 어디서건 발붙일 곳 없이 떠돌다 돈도 다 떨어지고 살아갈 방도가 없이 막다른 길에 도달한 엘비라는 있는 돈을 모두 털어 빵과 포도주를 사서 풀밭에서 마지막 피크닉을 즐긴다. 서로의 눈을 보고 권총자살을 앞둔채 식스틴이 묻는다. "이럴 수밖에 없니?" 이 물음에 촌철처럼 박히는 엘비라 마디간의 한마디.

"사랑을 먹고 살 순 없잖아요."

사랑을 먹고 살 수는 없다. 사랑은 꿈을 먹고 살고 결혼은 밥을 먹고 산다는 말이 있다. 아무리 사랑이 넘쳐도 엘비라의 말과 같이 그걸 먹고 살 순 없다. 결혼은 현실이다.

갈등의 원인 중에서 가장 많은 부분을 차지하는 것은 '자원의 부족'에서 오는 갈등이다.

'시간이 없다. 돈이 없다. 애정이 없다. Vision이 없다. 일자리가 없다. 쓸 사람이 없다. 공간이 없다. 도구가 없다' 등의 모든 '부족갈등'이 여기에 해당한다.

내가 1986년 도쿄에 업무상 출장을 가 호텔에 쉬고 있을 때 일본 TV에서 부부싸움의 원인에 대한 랭킹을 발표하고 있었다. 랭킹 1위는 '돈에 대한 개념의 차이', 즉 돈 문제였다.

가정경제가 어려워지면 부부싸움이 잦아지고 갈등이 깊어진다. 유독 우리나라는 혼수문제로 갈등이 생겨 파국에 이르는 경우가 많다.

우리나라가 개발도상국 시절 못 살았기 때문에 이런 갈등의 정도가 더 심하다 하겠다. 많은 부부의 이혼사유도 대부분 이런 '부족갈등'이다.

갈등의 원천은 모든 심리학 교과서에서 소개하고 있다. 갈등에 대한 연구는 경영학의 조직행동의 리더십 분야에서 갈등의 종류 및 처방에 대해 연구하고 심리학에서는 갈등의 원천을 찾아 근본적, 심리적으로 해결하려는 접근을 하고 있다.

개인뿐 아니라 국가는 모든 정책의 우선순위를 일자리 창출, 중산층 육성 복지 사각지대 해소 등 '부족갈등'의 해소에다 두고 있다.

2014년 현재 전 세계는 모두 일자리가 부족하여 실업이 가장 큰 사회문제가 되고 있다. 독일은 통일 이후 유럽 전역에서 가난한 사람들이 이주하여 일자리가 없어지니 외국인에 대한 반감이 늘어 네오나치즘이 유행하고 있다. 박근혜 대통령도 일자리 복지를 최우선으로 하고 있다.

그러나 한편으로는 3D업종에선 사람이 없다고 아우성이다. 세계가 지식사회로 전환됨에 따라 교육수준이 높아지고 교육받은 사람들은 교육에 투입한 비용만큼 좋은 일자리를 얻고 싶어 한다. 보수가 좋고 노동조건이 좋은 일자리에 대한 수요는 급격히 증가했으나 공급은 미미한 편이다.

모든 나라 지도자들은 계급의 피라미드 구조가 영원히 존재할 것으로 생각하고 보통교육에 의한 수평사회와 지식사회에 미처 대비를 못하였다. 교육받은 사람들이 원하는 좋은 일자리를 만들지 못해 일자리 부족 갈등이 세계를 위태롭게 한다. 가정도 국가나 조직과 운영방식은 마찬가지다.

자녀들이 자라남에 따라 교육비며 양육비 등으로 들어갈 돈은 많은데 소득이 늘지 않으면 가족구성원은 모두 '부족갈등'에 빠지게 된다. 아이들은 갖고 싶은 것과 하고 싶은 것이 늘어나는데 남들이 다 하는 것을 자신만 못하게 되는 갈등에 빠지게 된다. 아내는 짜도짜도 남지 않는 적자가계를 빚으로 꾸려가게 되고 그것을 지켜보는 가장은 마음이 타들어 간다.

잠시 고통을 잊으려 소주잔을 기울이기도 하지만 해결이 되진 않고 잠시 잊을 뿐이다. 그래서 애꿎은 술 소비량만 늘어난다.

그나마 우리나라는 술값이 싸서 다행이다. 정부가 소주에 많은 세금을 붙이지 못하는 이유도 소주가 국민들의 갈등해소에 적지 않은 도움을 주고 있다고 생각하는 모양이다.

매일 술 마시는 술꾼들은 소줏값을 올리면 폭동이 날 것이라는 우스갯소리도 거침없이 한다.

자, 그럼 이런 '부족갈등'을 해결할 방법은 무엇일까?

다음의 사례들을 살펴보자.

사례 1

부족갈등 어떻게 해소할 것인가?/자원을 늘린다. 개념을 바꾼다

김 부장은 고민에 빠져 있다. 이번 인사에서 자신의 부서에 과장 진급 대상인 4년차 대리가 두 명 있는데 과장 T/O는 하나뿐이다. 둘 다 업무에 빠짐이 없고 인간성도 매우 좋다.

김 부장은 어떻게 해야 할까?

답은 생각할 것도 없이 T/O를 늘리는 것이다. 우리나라 지방자치단체에서는 일정 기간 이상 근무한 7급 공무원을 6급으로 자동 승급하는 제도가 있다. 그런데 6급은 팀장이란 보직이 있어 갑자기 이 제도에 의해 6급 공무원은 늘었는데 팀은 늘지 않아 무보직 6급이 많아져 보직부족 갈등이 생기고 있다.

해결책은 과장 자리를 하나 더 만드는 것이다. 이렇게 사람들을 위해 자리를 만드는 것을 '위인설관'이라 한다.

조직이 성장하지 않으면 이런 직책 T/O 부족 문제에 봉착하게 된다. 기업이 계속 이익을 내어 끊임없이 성장하여 새로운 자리를 창출하지 못하면, 즉 성장을 멈추면 정체하다 망하게 된다. 기존 사업에서 적정규모에도 달하면 신규 사업을 구상해서 성장을 해야 한다. 그것을 '신 성장동력의 발굴'이라 한다.

지금 현재 우리나라는 기업도 국가도 신 성장동력을 발굴하기 위해 지혜를 모으고 있다. 이것은 적극적 방법으로 자원의 부족 갈등을 해소하는 것이다.

그러면 자원을 늘릴 수 없는 상황에서는 어떻게 해야 할까? 자리를

만들지 못하면 개념을 바꾸어야 한다. 승진의 개념은 회사마다 차이가 있겠지만 대략 다음과 같이 변천하였다.

승진 연한을 늘려 3년이면 대리로 진급할 것을 4년, 5년으로 늘려갔다. 그러다가 직책과 직급을 구분하여 일정 기간이 지나면 모든 사람에게 동일한 직급을 부여한다.

5급에서 4급, 3급으로 직급이 올라갔지만, 그렇지만 직책은 더 큰 책임을 맡을 수 있는 사람에게 부여한다. 이렇게 직급승격과 직책 승진을 구분하여 실시한다.

다음은 직책 가운데 또 다른 직책을 만든다. 부장과 이사 사이에 금융기관은 부부장이란 직책을 만들고, 일반기업은 부장과 이사 사이에 선임부장, 전문위원 등의 직책을 신설한다. 다음은 대우제도를 도입하고 더 이상 안 되면 팀제로 바꾸어 팀장과 스태프만 구분한다. 최종적으로 승진의 대가는 연봉이므로 모든 간부사원에게는 연봉제로 시작하여 전 직원 연봉제로 그 개념을 바꾸어 갔다.

다음은 사회나 국가 차원에서 현실적으로 자원을 늘릴 수 없는 상황에서 해결책으로 개념을 바꾼 사례다.

사례 2

1929년 미국에서 세계대공황이 일어나자 모든 사람이 경악했다. 연일 신고가를 경신하던 주가는 곤두박질치고 생산, 소비 등 모든 경제활동이 마비되었다.

많은 사람들이 파산하고 먹을 게 없는 사람들은 굶어 죽었다. 반면 판로를 잃은 농산물은 썩어가고 있었다. 국가는 세금을 걷을 수 없어 일을 할 수 없었다.

경제가 마비된 것이다. 이때 '케인즈'라는 경제학자가 나와 이렇게 주장했다. '실업자들을 모아 땅을 파게 하고 임금을 주라. 또 다른 실업자들을 불러 땅을 파묻게 하고 또 임금을 주라.'

사람들은 이해하기 힘들었다. 땅은 원위치 되었는데 임금은 두 배로 나갔다. 그때 케인즈는 설명했다. 돈을 받은 사람들은 그 돈으로 무엇을 할 것인가? 식료품과 생필품을 사고 그러면 재고가 바닥나고 수요가 생기면 공장이 가동되고 생산이 시작되면 경제가 돌게 된다. 이때 처음 땅을 파고 묻고 준 돈은 땅 속의 지하수를 펌프로 퍼 올릴 때의 마중물처럼 경제를 돌게 할 것이다 라고 설명하여 '마중물 이론'이라는 말로 총수요에 대한 확대를 해결책으로 제시했다.

루즈벨트는 '뉴딜정책'이라는 이름으로 이 주장을 실천으로 옮겨 대규모 댐을 건설하고 도로, 항만 등의 국가 인프라를 구축하여 대공황을 벗어나게 된다.

이후 케인즈는 자본주의의 모순을 해결하는 '수정자본주의자'로 알려진다. 그의 이런 주장은 '고용화폐 및 이자에 관한 일반이론'으로 1936년 소개된다.

사례 3

1997년 10월 말 우리나라는 IMF 지원체제로 들어서고 길거리엔 수많은 노숙자와 실업자가 넘쳐 나고 부도기업과 개인 파산이 늘어났다. 1998년 '국민의 정부'는 공공근로 사업에 수조 원을 투입하고 실업급여를 지급하고 단순 건설 노무자의 실업을 막기 위해 SOC 사업 예산의 60%를 1/4 분기에 집중 투입했다.

이 두 가지 사례에서 공통적으로 사용한 방법은 자원을 늘리는 것이다.

재정용어로 '총수요 진작'이라 부르는, 물건을 살 수 있는 돈을 주는 것이다. 그 돈으로 물건을 사면 재고가 소진되고, 그러면 기업은 생산을 하고 근로자는 돈을 벌게 되며 국가는 세수를 확보하게 되어 경제가 돌아가게 되는 것이다.

사례 4

1914년 6월 28일에 시작되어 1919년 6월 28일 베르사유조약에 서명하며 끝이 난 세계 1차 대전 중, 러시아를 300년 동안 지배해 온 로마노프 왕조가 1917년 3월 초 붕괴되었다. 이어 7개월 동안의 권력투쟁 끝에 1917년 11월 6일 볼셰비키 혁명에 의해 공산주의가 탄생한다.
로마노프 왕조의 마지막 황제 니콜라이 2세는 '국민의 경제적 욕구를 만족시키지도 못하고 전쟁에도 패배하였다'라고 참전용사들의 비난을 받았다. 페트로그라드에서 식량배급을 기다리던 행렬이 대규모 시위를 일으키고 진압하던 병사도 이에 가담하였다.

러시아 혁명의 주된 요인은 전쟁의 패배로 인한 자원의 부족이었고 이후 11월의 볼셰비키 혁명은 배부른 부르주아들에 대한 분노였다. 이 당시 러시아의 상황은 자원을 늘릴 수 없는 상황이었다. 그래서 그들은 나라의 총 자원을 1/n로 나누는 공산주의라는 개념을 만든 것이다.
아이러니하게도 공산주의라는 개념을 만든 소련은 또 다시 부족갈등에 빠지게 되고 고르바초프에 의해 '페레스트로이카'라는 개혁과 체르노빌 원전 폭발로 기인한 소비에트 연방 붕괴를 통해 다시 개념을 바꾸기 시작하고 사회주의와 공산주의의 몰락을 가져왔다.
20세기 말 서유럽 국가는 저성장에 의해 자원의 부족갈등을 겪게 되었다. 1차적으로는 총수요 확대를 위해 경제규모를 미국 정도로 키우고자 EU를 발족하여 경제통합을 이루었고 마스트리히트 조약에 의해 유럽 단일 통화인 유로화(1999년 1월)도 만들었다. 최근 GPS(그리스, 포르투갈, 스페인) 등의 재정파탄으로 야기된 부족갈등이 세계경제를 혼돈에 빠트리고 있다. 근자에는 PIIGS(포르투갈, 아이슬란드, 이탈리아, 그리스, 스페인)로 늘어났다.

사례 5
우리 주변의 부족갈등 해소 사례

김수만 씨는 어제 밤 부부싸움을 했다. 싸움의 시초는 자신이었다. 아내의 푸념은 '아이의 유치원비가 없는데 남편은 매일 술만 먹고 온다'는 것이었다.
자신이 술값을 내는 것은 아니라고 항변했지만 아내는 이번 달부터 생활비로 10만 원 더 필요하다는 것이다. 아이의 유치원비를 더 달라는 것이다. 그는 모든 급여를 통장으로 이체하고 용돈으로 한 달에 30만 원을 쓰고 있다. 그는 아내에게 거칠게 항의했다.
"나보고 도둑질이라도 하란 말이야?" 아내는 막무가내로 10만 원을 더 주지 않으면 집을 나가버리겠다 한다.
이런 경우 만약 여러분이 김수만 씨라면 어떻게 이 자원부족 갈등을 해결할 수 있을까?

바로 앞에서 학습한 '자원을 늘리는 방법'을 사용할 수 있다.
예를 들어, 술 먹는 시간에 10만 원 받는 알바아르바이트를 구하는 방법이 있다.

다음은 가정에서, 자원부족에서 오는 갈등의 두 번째 해결책인 개념을 바꾸는 방법을 사용한 해결 사례다.

사례 6

고민해 팀장이 얼마 전 아들에게 자전거를 사줬더니 딸아이도 사 달라고 조른다. 돈이 충분하다면 하나 더 사주고 갈등이 해결되겠지만 돈이 없어 그럴 수 없는 형편이다.

고민해 팀장은 딸을 불러 설득하기 시작했다.

고민해 : "얘야, 가족이 뭐니? 모든 걸 함께하는 게 가족이란다. 엄마가 밥을 할 때, 모두 같이 짓고 같이 먹지?" 자전거는 통학용으로 산 게 아니고 놀이용으로 산 거지? 우리가 밥을 같이 먹고 식구가 TV를 같이 보듯이 자전거도 가족이 함께 타는 것이다. 그래서 동생이 안 쓸 때 네가 타고, 네가 안 쓸 때 동생이 타고 해야하는 거란다.

딸 : "그럼 둘 다 타고 싶으면 어떻게 해요?"

고민해 : "그래서 자전거에는 뒷자리 앞자리 두 개가 있지 않니."

이렇게 하여 자원에 대한 딸의 개념을 바꾸어 보았다.

MB정부의 녹색성장의 여파로 자전거 도로와 자전거 동호인이 늘어났다. 자전거는 도난이 잦고 우리나라 주거 형태가 아파트라 보관이 용이하지 않았다.

그래서 최근에는 지방자치단체에서 자전거를 사서 빌려주는 렌탈 서비스를 하고 있다. 주말에 일산 호수공원을 가면 쉽게 자전거를 빌릴 수 있다. 자동차도 소유개념에서 이용개념으로 넘어가고 있는 중이다.

다음은 의약분업에 의한 의사 약사의 갈등사례다.

사례 7

의약분업 실시에 따른 의사, 약사의 갈등 사례 분석

의사의 입장 : 예전에는 약을 조제했기에 약값 마진도 있었고 제약회사의 사례비도 있었다. 예전보다 훨씬 수입이 준다.

약사의 입장 : 예전에는 약국을 찾는 환자에게 임의조제를 할 수 있었다. 병원을 찾는 환자와 약국을 찾는 환자가 달랐다. 처방전에 의한 조제만으로는 병원에 예속되고 경영이 힘들다.

1차 해결책 : 수입을 늘린다. 의사에겐 처방료를 올려주고 약사에겐 한약 조제를 허용한다. 이 조치는 의료보험재정 고갈 초래–의료보험 적립금이 부족하다는 또 다른 부족갈등을 야기시켰다.

1차 해결 : 지역의료보험료 인상(30%), ⇨ 재정이 양호한 직장의보 통합 ⇨ 일자리 부족갈등 야기 ⇨ 의보공단 파업 ⇨ 의약분업 실시 후 처방료 지급으로 인한 재정부족 ⇨ 의료보험료 인상 ⇨ 본인부담금 인상 ⇨ 처방료 인하

이런 일련의 요법은 1차적인 자원을 늘리기에 초점을 맞추고 있다. 그러나 자원을 무한정 늘리기는 무리이며 국민의 부담도 곧 저항의 수준에

다다르게 된다.

더구나 의사회의 의과대학 정원축소 요구는 장기적인 자원인 1인당 환자 수 늘리기의 일환이다.

2차 해결책 : 개념을 바꾼다.

'의사는 환자의 치료 의술이 인술이며 의사는 환자의 생명을 보호하고 아픈 환자를 치료하는 성스럽고 존경받는 직업이다'라는 생각을 갖게 하고 사회적으로 의사를 우대하고 존경하는 분위기를 만든다. 돈벌이는 존경으로 보상한다. 이러면 본전 생각이 나니까 의과대학 학비를 전액 국고로 지원하고 의사를 검사같이 국가의 고위 공무원으로 존경받는 직군으로 만든다. 이렇게 하면 될 것 같기도 한데 너무 이상적인가?

요즘은 국민건강보험공단에서 전 국민 건강검진을 실시하고 있다. 중년의 가입자에게는 위내시경이나 대변 검사 후 대장내시경까지도 실시해 준다.

한 사람의 암 환자가 발생하면 1억이 넘는 돈이 들어간다. 암이나 만성질환 환자가 늘어나면 국민보험공단의 지출이 늘어나게 되어 가입자의 의료보험료를 올리게 되는데 먼저 근로소득자의 의료보험 요율을 올리고, 안 되면 자영업자의 소득을 파악하여 현실화하다가 더 이상 안 되니 개념을 바꾸어 환자가 발생하지 않게 예방하는 방법을 생각해 낸 것이다. 이것도 개념을 바꾼 것이라 할 수 있다.

2014년 3월 올해도 의료민영화를 반대하는 의사들의 파업이 시작되었다.

이 현상은 내가 이 책 첫 부분에 적시했던 동양의 갈등은 재귀적으로 계속된다는 것을 현상을 단적으로 보여주고 있다 할 것이다.

목표가 달라서 생기는 갈등 및 해결책

• 보수와 진보/다른 입장 다른 목표

나는 자유인이다. 나는 내 자유의지대로 행동하고 그 행동에 책임을 진다. 나에게 이래라 저래라 간섭하지 마라. 이것이 보수의 주장이다.

내 능력대로 열심히 해서 그 과실을 내가 가지는데 무슨 상관이냐고 이야기하지만 그들의 반대급부가 그들의 능력만으로 이루어진 것은 아니다. 동계올림픽 피겨 부문 2연패를 기대한 빙상 스타가 한 번 회전하는 데 몇 백만 원 정도 돈을 번다는 우스갯소리도 있다. 그 선수가 방글라데시에서 태어났다면 그렇게 될 수 있을까?

그가 원하든 원하지 않았든 우리사회 상업주의 시스템의 도움으로 획득한 것이 아니라고 부인할 수 없다. 그 시스템 속의 스타가 번 돈은 그 사회구성원들이 내는 것이다.

모든 사람을 자유롭게 방치하면 힘 있는 사람의 자유만 지켜진다. 힘없는 사람의 자유는 침해되고 무시된다. 이 세상에 힘 있는 사람이 많은가?

아니다. 힘없는 사람이 많으므로 그들은 모여서 우리의 자유도 좀 지켜주라 한다.

그게 공동선이다. 보수는 건드리지 말라 하고 진보는 같이 살자고 딴지를 걸어야 한다. 진보가 딴지를 거는 것이 우리에게 좀 불편할지라도 그 주장 그 아픔을 보수가 들어주는 아량을 가져야 한다. 적어도 자신이 지식인이라면. 그럼 사회가 살 만하게 되고 조용해진다. 이 사회를 바꾸는 것은 사람들의 Consensus며 그것을 반영하는 입법이다. 그래서 국회의원은 모든 사람들의 고통 섞인 외침에 유의하여 꼭 지켜야 하는 공동선이라 생각하면 그 공동선을 실현하기 위해 입법할 방도를 찾아야 한다. 그것이 생활정치이다. 어떤 정당이건 생활정치를 잘하면 지지받지 않을까?

이 갈등은 개인이나 조직이 서로 상이한 목표를 갖고 동시에 부딪히고 있기 때문에 생기는 갈등이다. 다음의 사례를 보면서 이 갈등의 해결책을 찾아보기로 하자.

사례 1

긴 테이블에 한쪽엔 양복 입은 회사 측 사람들, 한쪽엔 머리에 띠를 두르고 작업복을 입은 노조 대표들이 앉아 있다. 눈이 충혈된 모습으로 서로 자기주장을 하고 있다.

(S사의 노조집행부는 2012년 임금 인상률을 12% 달성하기로 하고 단체협약에 들어갔다. 회사 측은 7%의 대안을 제시했고 양측은 자신들이 제안한 수치의 근거와 타당성을 설명하는 데 하룻밤을 꼬박 새웠다)

신경이 날카로워진 양측은 점점 더 상대방 논리의 허점과 말꼬리를 잡고 늘어졌고 급기야 감정이 증폭된 양측은 협상테이블을 박차고 실력 행사에 들어갔다.

노조 측이 대규모 총파업을 대의원 투표를 통해 통과하여 총파업을 선언하자 사측은 파업에 대해 현장복귀를 촉구하고 사법대응과, 최악의 경우 직장폐쇄도 불사하겠다는 선전포고를 하였다.

양측의 주장을 정리하면 다음과 같다.

먼저 노조 측의 주장이다.

노조 측 대표 : 2011년 생산성 향상은 15%이며 이 수치는 경영층이 제시한 것입니다. 경상이익도 사상 초유의 수준입니다. 이 성과는 1차적으로 종업원들의 기여의 결과이며, 경영부진으로 반납한 제 수당을 2012년 급여에 돌려받아도 8%의 인상요인이 발생합니다. 노조도 12%를 약속받으면 올해도 원가절감 5% 달성을 약속하겠습니다.

이번에는 회사 측의 주장이다.

회사 대표 : 2011년의 놀라운 실적은 사실은 구조조정으로 인한 일시적 현상입니다. 더욱이 2012년 미국의 경기 경착륙 조짐이 보이고 있고 우리 경제도 2012년 1월 수출은 5% 증가에 그치고 수입은 1% 감소하였습니다. 작년에는 수출 31%, 수입 46% 증가인 데 비하면 현저한 경기 후퇴를 예상할 수 있습니다. 이런 불확실한 시기에는 원가 압박요인을 최소화해야 경쟁력을 갖출 수 있습니다. 물론 회사의 지급여력은 있습니다. 하지만 12%는 무리한 수치요, 과거에 받지 못한 수당을 받겠다는 것은 도무지 납득하기 어렵습니다. 7%도 상당히 어렵게 잡은 수치인데… 물론 원가 절감 5%를 달성하면 12%를 인상할 수 있습니다. 하지만 그 수치는

올 연말에나 나올 수 있는 거 아닙니까?

이 갈등의 원천은 '상이한 목표'이다. 우리는 흔히 '양자 간의 인식의 차가 크다'라고 말을 하지만 한 겹 벗겨보면 그런 인식의 차이는 목표를 정당화하기 위해 인용된 근거들이다. 본질은 그들이 요구하고 제시한 목표이다.

해결책은 무엇일까?

한쪽이 양보한다. 상대편에 맞춰준다. 서로 양보한다. 이런 답을 생각할 수 있지만 가장 바람직한 답은 서로의 목표를 모두 충족시키는 '제3의 목표를 만든다'이다.

사례는 다음과 같이 해결되었다.

노사 양측은 다시 협상에 나섰다. 갑론을박이 진행되고 한참의 시간이 지난 뒤 노조 위원장이 다음과 같이 사장에게 질문을 던졌다.

"사장님, 급여는 왜 인상하지요?"

좌중은 이 엉뚱한 질문에 갑자기 조용해졌다. 갑자기 질문을 받은 사장은 준비가 되지 않아 잠시 생각에 잠겼다.

'노사 모두가 급여 인상은 왜 하는가?'라는 자문을 스스로에게 하고 있었다.

"글쎄, 내 생각에는 근로자의 실질임금의 보장과 지난해의 기여에 대한 보상이 아닐까요?"

양측은 다음과 같이 합의했다.

- 2011년 경영성과에 대한 성과급 급여의 50%를 3월 중 지급함
- 약 4%의 인상효과 급여인상은 호봉승급 포함 : 6%(물가상승률 3%, 호봉승급 3%)
- 생산성 증가에 따른 보상 하반기 급여 반영 : 3% 추가 지급함
- 생산성 미달에 대한 안전장치 : 만약 생산성이 올해에 미달하면 2% 삭감함

이 합의는 양측의 입장을 모두 수용하는 제3의 목표가 되는 것이다. 우리는 흔히 협상과정에서 지나치게 자신이 세워본 것에 불과한, 다시 말하면 자신의 많은 생각이나 요구 중의 한 가지에 불과한 목표에 자존심과 인생을 건다. 얼마나 어리석은 행동인가? 목표는 얼마든지 바뀔 수 있다.

그럼 목표갈등이 우리 생활에서 일어나는 경우를 알아보자.

사례 2

부부가 방에서 여름휴가를 바다로 갈 것인지 산으로 갈 것인지를 두고 다투고 있다.

아내는 머릿속으로 바다에서 수영하는 날씬한 자신의 모습을 떠올리며 바다로 가자 하고, 남편의 머릿속에는 산에서 독서하는 모습을 떠올린다.

아내 : 바다로 가요!

남편 : 무슨 소리? 산이 최고야!

둘은 옥신각신 다투다가 그냥 휴가를 포기하기로 했다. 대부분의 사람들은 자기의 주장이 받아들여지지 않으면 감정이 증폭되어 상대를 미워하게 되고 갈등이 생긴다.

목표가 다른 상대는 적이 되고 감정이 쌓인 미운 적과는 말도 하기 싫다. 그래서 결렬이 된다. 협상에서는 생각이 다른 적은 만들어도 감정적인 적은 만들지 말라 했다. 생각이 다른 적은 양보나 합의로 해결할 수 있지만 감정적인 적은 한 사람이 굴복해야 해결된다.

그러나 현명한 부부는

산과 바다가 함께 있는 설악산 풍경을 생각해 낸다.

아내 : "설악산으로 가면 어때요?"

남편 : "그래! 하루는 해수욕장에서 하루는 대청봉에서… 산에도 가고 바다로도 갈 수 있잖아?"

아내 : 아 좋은 방법이군요!

부부는 만족스러운 이 해결책을 반겼다.

조금 더 고차원적인 해결방법을 생각해 보자. 그 방법은 상대방 목표의 목적이 무엇인지를 물어보는 것으로 '목적지향적 사고'를 활용하는 것이다.

아내 : 당신은 왜 산으로 가고 싶어 하지요?

남편 : 조용하게 책이나 읽고 싶어! 그럼 당신은 왜 바다를 주장하지?

아내 : 이번에 수영을 접영까지 마스터 했잖아요. 배운 것을 실습하는 수영을 하고 싶어서 그래요.

그럼 남편은 조용히 독서하고 싶고, 아내는 수영을 하고 싶다로 목적이 바뀐다. 그럼 수영과 독서라는 목적에 적합한 장소를 찾을 수 있다.

남편 : 그러면 그랜드 하얏트 호텔 썸머 패키지로 가지, 나는 방과 숲에서 책을 읽고 당신은 풀장에서 수영하고 둘 다 좋겠네.

아내 : 좋은 생각이네요. 시간도 절약되고 차도 밀리지 않고.

이렇게 각자 목표의 목적을 물어보면 쉽게 해결책을 찾을 수 있다.

이렇게 하는 것을 목적지향적 사고라 하고 난관에 봉착했을 때 그것을 해결하는 사고라 해서 영어로는 Breakthrough Thinking이라고 한다. 앞에서 소개한 노사협상 사례도 이 '목적지향적 사고'를 활용한 해결책이다.

우리 사회를 구성하는 주체들의 상이한 목표 때문에 생기는 갈등의 해결에 대하여 생각해 보자.

우리 사회를 구성하는 요소는 크게 세 가지가 있다. 생산주체, 소비주체, 분배주체가 그것이다.

생산주체는 상품을 만들어 파는 곳이다. 상품의 정의는 팔기 위해 만드는 것으로 제품과 서비스이다. 공장에서 만든 물품을 제품이라 하고 서비스업에서 제공하는 서비스도 상품이다.

생산주체의 목표와 목적은 물건이나 서비스를 만들어 팔아 이윤추구를 하는 것, 즉 돈을 버는 것이다. 돈을 열심히 벌어 이익을 내고 기업을 성장시켜 일자리를 만들어 고용을 늘리고 기업은 법인세를 직원들은 소득세를 많이 낼 수 있어야 한다.

소비주체는 돈을 쓰는 곳으로 가정과 국가, 지방자치단체 등의 행정집행기관이다. 가정은 돈을 쓸 때 월급으로 얼마가 들어올 테니까 관리비, 학원비, 경조사비 등 꼭 써야 하는 비용부터 결정하는 비용의 우선순위를 만들어야 한다.

이렇게 하는 것을 양입재출, 즉 들어올 돈을 재량하여 나갈 곳을 결정하는 원칙이라 하고 정부나 지방자치단체는 가정의 원칙과는 반대로 양출재입, 나갈 돈을 재량하여 걷을 돈을 결정하는 구조를 가지고 있다.

이 소비주체는 돈을 쓰는 곳이다. 이 소비주체들의 목표와 목적은 비용의 효과성을 추구하는 것이다.

분배주체는 예산을 어디에 사용하라고 정해 나누어 주는 곳으로 '정치'이다. 정치는 분배의 정의를 추구하고 소외계층을 최소화하기 위해 존재한다. 330조에 해당하는 국가예산을 어디에 사용할 것인가는 국회에서 결정한다.

매년 국가예산의 심의가 졸속으로 진행된다. 법정 통과시간을 넘겨 준예산으로 시행하거나 막바지에 졸속으로 결정되었다. 올해 국가와 지방자치단체는 예산의 40%를 복지에 할애하고 있다. 40%를 나누어 주는 데 사용하겠다는 것이다. 정치에 무관심하게 되면 분배에서 소외된다. 관심을 가져야 휴대폰 요금의 하락, 생애 최초주택 대출금 이자의 하락 등등의 정치적 입법들이 이루어진다. 정치는 분배의 방식을 결정하는 것이며, 힘의 균형을 추구한다.

이렇게 각 주체는 목표가 다르다. 그래서 충돌하게 마련이다. 이런 갈등을 잘 해결하면 정치력이 있다 한다.

한 주체의 주장에 너무 경도되면 비난을 면치 못한다. 지난 MB정부에서는 기업 Friendly정책을 너무 많이 사용하여 고환율 정책으로 인해 생산주체인 기업은 세계적으로 성장하였지만 소비주체인 서민들의 살림은 힘들어졌다. 그 결과 기업은 150조 원의 현금을 가지고 있다.

그것을 투자하여 일자리를 만들어야 하는데 눈치만 보고 있다. 그 돈이면 자본금 1,000억 짜리 회사 1,500개를 만들 수 있다.

우리 사회 갈등문제의 대부분은 이런 한 주체가 다른 주체를 인정하지 않고 자신들의 목적에 입각하여 서로 다른 주장만 하고, 그 주장에 편승하여 이익을 얻고자 하는 집단들이 부추겨 생겨난 것이 대부분이다.

내가 많은 지면을 할애하여 세 가지 주체에 대해 설명하는 이유는 각 주체의 활동을 이해하는 것이 필요하기 때문이다.

• 생각해 보기

재벌총수의 최고 연봉이 301억이라는 것에 대한 다른 생각

SK그룹에 따르면 최 회장은 2012년 실적에 따라 지난해 이사로 등재된 4개 회사에서 총 301억 원을 받았다. 이 글만 읽으면 화가 날 것이다. 다음을 보자.

그는 소득세(세율 38%)와 4대 보험으로 약 120억 원을 납부했다.

최고의 연봉이니 최고의 근로소득세를 냈을 것이다.

SK그룹은 재계 서열 1위는 아니다. 그런데 최고 연봉을 받고 최고의 소

득세를 냈다. 나라의 살림은 '양출재입', 나갈 것을 계산하여 걷어들일 것을 결정하는 구조이다. 만약 120억 원의 근로소득세와 소득세, 주민세와 4대보험료를 내지 않았다면 그 부담은 모든 국민이 나누어 분담해야 할 것이 당연하다.

우리나라 최고 기업 회장은 급여는 1원도 받지 않고 모두 배당으로 받았다. 법인세를 냈고 배당소득세를 냈다. 아마 최고 연봉을 받았다면 세금은 이보다 훨씬 더 많아질 것이다.

나는 회사는 생산주체로 열심히 돈을 벌어 급여를 많이 받고 세금을 많이 내는 것이 기업과 기업인의 책임이라고 배웠다. SK가 '유공'이었던 시절 유공은 절세를 하지 않고 그대로 법인세를 내고 그것을 자랑으로 생각했다. 기업의 사회적 책임을 다한 것이다.

기업은 이익을 내고 성장하여 일자리를 창출하고 세금을 내고 이익을 내게 만든 인프라를 제공한 사회에 기업이익을 환원해야 한다.

재벌 총수가 연봉을 다른 방법으로 절세하는 것이 비난받아야 할 것이 아닌가?

만약 세금을 내지 않는다면 많은 연봉을 주는 것은 형평이나 감정을 감안하면 매우 불공평하다. 그런데 소비 주체의 재원을 마련하는 방법에서 문제를 본다면 그 재벌 총수 혼자 내는 세금이 연봉 3,000만 원 받는 사람들 10,000명이 내는 세금과 같다.

그 사람이 급여로 받지 않고 절세를 위해 다른 편법으로 돈을 사용한다면 우리 국민들의 부담이 가중될 것이다.

목표는 같은데 수단이 달라서 생기는 갈등 및 해결책

• 원론 동의 각론 반대

"나는 시저를 사랑하지 않은 것이 아니다. 로마를 더 사랑했기 때문이다."

시저의 살해자인 부루투스가 시저를 죽이고 한 말이다.

자기 어머니와의 각별한 인연 때문에 두 번이나 자기 목숨을 구해준 은인이며 자기를 출세시키고 측근에 둔 시저를 살해하고 자기에게 쏟아지는 배은망덕에 대한 비난에 대해 변명처럼 한 말이다.

시저는 인류역사상 가장 매력적인 인물 중 하나이다. 매년 자기 생일날 '로마인 이야기' 한 권을 내는 '시오노 나나미'도 시저에게는 두 권을 할애 할 정도로 매력적이며 일화도 많은 인물이다.

시저는 집정관 시절 해야 할 일이 있으면 원로원의 승인을 기다리지 않고 로마 최고의 갑부 크라수스에게 돈을 빌려 집행하고 나중에 갚았다. 시저는 세상에서 가장 빚이 많은 사람으로 손꼽힌다.

그가 지금의 프랑스인 갈리아 원정을 갈 때 휘하 장군을 차출해 가면 집안의 생계가 막연해지니 선금을 주고 데려갈 수 밖에 없었다. 시저는 크라수스에 가서 돈을 빌려 달라 했다.

크라수스는 당신이 여태까지 빌려간 돈이 얼만데 갚지 않고 또 빌려 달라 하냐고 단번에 거절하였다. 시저는 웃으며 "여태까지 빌려준 돈 받고 싶지 않은 모양이군요"라고 말했다.

움찔해진 크라수스는 어떻게 갚을 것인가 변제 계획을 말하라 하니 갈리아를 원정하고 무역권을 주겠다 했다. 그것을 담보로 또 돈을 빌려낸다. 시저는 인류 최초 국채를 발행한 사람이 된 셈이다.

우리나라의 국회의원들도 여야 할 것 없이 모두 나라의 발전과 국민의 행복을 위해서 정치를 한다. 국회의원은 국리민복을 위해 법을 만드는 기관이다. 여야 국회의원들은 사사건건 다투는데 그 이유는 무엇일까?

목표는 국리민복으로 같은데 그것을 실현하는 수단이 다른 것이다. 보수는 자본주의를 바탕으로 있는 것을 균등하게 나눠먹는 사회주의가 아니라 파이를 키워 더 많은 분배가 이루어지도록 하는 것이다.

상류에 비가 많이 와서 물이 많아 넘치면 어디로 가겠는가? 자연히 밑으로 떨어질 수 밖에 없지 않은가? 라는 '낙수이론'으로 일단 기업이 돈을 벌면 그 혜택은 국민이 누릴 것이다 라고 하고 MB정부에서는 기업 Friendly정책을 견지해 왔다. 그러나 실상은 기업은 돈을 벌었지만 일자리는 늘지 않아 청년실업률은 높아졌고 밑으로 흐를 것이라는 돈은 하류로 흘러오지 않았다. 그러니 국민들은 불만을 토로했고 대선에서 모든 후보가 우선 돈을 많이 버는 생산에 치중하기보다는 분배에 힘을 실어 복지공약을 여야 후보 모두가 채택하게 되었다. 정치 공약이라는 것은 이렇게 수단을 차별화하는 것인데 요즘 지식사회의 여론조사는 거의 똑같은 공약을 내게 하고 있다. 여론을 거슬러서는 표와 지지를 얻기 힘들기 때문이다. 대선이든 총선이든 관계없이 비슷한 정책현안들이 쏟아져 나오고 서로가 자기공약이 원조라고 주장하며 자금조달은 어떻게 할 것인가? 실현성은 있는가? 등으로 차별화하려 한다. 이렇듯 목표는 같은데 수단이 달라서 오는 갈등은 총론 찬성, 각론 반대 등으로 나타난다. 이 갈등을 해결하기 위해 다음의 사례를 보자.

사례 1

H사는 임원회의에서 금번에 실시한 조직진단 결과 회사의 활력이 떨어지고 있다고 진단하고 2010년 대를 맞아 Vision을 수립하여 조직의 활력을 높이기로 결정하고 모든 작업을 Task Force Team에 맡겼다. 다음은 Vision 수립 방안에 대한 TFT팀의 토의 장면이다.

팀장 : 우리 회사의 모든 임직원이 동의하는 Vision을 만들기 위한 방법을 기탄없이 말씀해 주십시오.

이 과장 : 아무래도 우리는 Vision을 수립한 경험과 방법론이 없으니 세계적인 컨설팅(Consulting)회사에 의뢰하는 것이 낫지 않을까요?

김 과장 : 외국 컨설팅사는 믿을 수 없어요. 그들은 그들이 만든 틀에 우리를 맞추게 합니다. 그 사람들에게 우리 문화를 인식시키는 데만 5개월은 걸려요. 국내 컨설팅사로 하지요.

최 과장 : 우리의 Vision인데 누가 만든단 말이에요. 우리 스스로 합시다. 컨설팅은 전부 사기에요.

이 과장, 김 과장, 최 과장 세 사람이 화난 얼굴로 흥분해서 서로의 얼굴만 쳐다보고 있다.

김 과장 : 최 과장 당신이 그 프로젝트를 할 수 있어? 그럼 Vision을 어떻게 만드는지 한번 설명해 보세요.

최 과장 : 배우면 되지. 컨설턴트는 날 때부터 알았나요?

김 과장 : 어느 세월에 배워. 자네 컨설팅회사 개업할 건가?

이 과장 : 저도 컨설팅 없이는 힘들고 그 결과의 타당성에 대해 책임지는 것이 부담스럽다고 생각합니다.

김 과장 : 컨설팅 되게 좋아하네. 우리 일인데 우리가 책임지지 않으면 누가 책임을 지나?

팀장 : 자 그만들 하지. 회의하다 싸움 나겠네. 자, 그럼 우리 논의를 좁히기 위해 Vision수립에 쓸 수 있는 자원을 공개하겠네. 예산은 1억을 초과할 수 없고, 주어진 기간은 3개월이네. 인원은 우리 4명뿐이고 어떻게 하면 좋겠는가?

침착해진 모습의 네 사람은 다시 원탁에 둘러앉았다.

이 과장 : 예산이 1억이면 외국 컨설팅사는 어렵지요.

최 과장 : 3개월이면 우리 힘으로만은 힘이 들겠네요.

김 과장 : 실무는 우리가 맡고 방법론은 국내 컨설팅사에 의뢰하는 게 어떨까요?

팀장 : 다들 어떻게 생각하시나요?

다 같이 : 좋습니다.

앞에서 살펴본 것과 같이 목표는 같은데 수단이 달라서 오는 갈등의 해결책은 '가지고 있는 모든 자원을 공개한다'이다.

사례 2

다음은 가정에서의 사례다.

부산으로 가야 하는 목표는 같은데 딸아이는 비행기로, 아들은 기차로, 나는 승용차로 가자 한다. 이때 목표는 같은데 수단이 달라서 생기는 갈등이 시작된다.

그 대책은 '가지고 있는 자원을 공개한다'라는 것을 알고 있었다. 그래서 나는 자원을 공개했다.

돈이 10만 원뿐이니 비행기는 곤란하고, 6시간 이내에 도착해야 하니 역까지 가는 시간과 도착해서 이동해야 하는 시간 모든 걸 고려해야 한다. 따라서 승용차로 갈 수밖에 없다.

이렇게 자원을 공개해도 반대한다면 그 사람은 본래 목표가 다른데 같다고 가장한 것이다.

이런 사람을 '프락치'라고 한다. 반대를 위해 그 집단에 낀 사람이다.

회사에서 봄이면 야유회를 간다. 그 장소를 정하는 회의를 하면 "하와이로 가요." 꼭 이런 사람이 있다. 그러면 "제주도가 좋아요", "남이섬" 등등 앉아서 전국일주를 한다.

그때는 팀장이 조용히 한마디만 하면 된다. 예산은 1인당 3만 원, 그러니 21만 원, 기간은 당일입니다. 우리가 정할 수 있는 장소는 어디가 될까요? 그러면 모두가 풀이 죽어 말한다. "일산 호수공원이나 한강 고수부지밖에 없네요."

갈 등 관 리
chapter 4

재난, 사고로 인한 집단 히스테리

• 대규모 재난에 의해 오는 갈등

2014년 4월 16일 전라남도 진도군 조도면 부근 서해 상에서 청해진해운소속 인천 발 제주행 국내선 여객선 세월호가 전복 침몰되었다. 이 사고로 인해 2014년 6월 6일 현재 294명이 사망하고 10명이 실종되었다.

대한민국은 세월호 사태 전과 후가 확연히 달라진다. 국가에 대한 신뢰가 무너진 것이다.

이와 유사한 사고가 지금부터 44년 전에 있었다. 1970년 12월 15일 제주에서 부산으로 향하던 정기여객선 남영호가 거문도 동쪽 해상에서 침몰했다. 이 사고로 326명의 인명피해가 있었다. 우리나라 GDP가 1970년 69조 원, 2014년 현재 1,200조 원이니 경제 규모는 17배 성장했으나 비슷한 유형의 재난에 속수무책으로 당했다.

1970년부터 2014년까지 44년 동안 우리는 스스로 놀랄 정도의 발전을 했다고 자부하고 있었다. 물질적 풍요뿐 아니라 사회 문화적으로 한류의 융성도 보았고 문화전파에 우월한 기분에 우쭐하기도 했다.

TV에서 방영되는 기울어지는 배를 보며 여느 재난영화의 결말처럼 모두 구조할 수 있을 시간과 여유를 느끼면서 사태의 추이를 안도 반 안타까움 반으로 보고 있었다.

그러나 결과는 44년 전과 같은 결말을 가져왔다. 아니 그때보다 못했다. 그러니 국민들이 받아들일 수 없는 것이다. 이해할 수 없는 것이다. 이런 대규모 재난은 국민들에게 집단 히스테리를 일으킨다.

만약 내가 저 배에 탔다면, 내 아들이 탔다면… 남의 일에는 무관심한 사람들이 자기일 같이 느끼게 되는 것이다.

지금 상황은 내가 2005년 한전을 위해 만들어 준 위기관리 프로그램에서 위기관리의 정의에 명시적으로 표현해 두었다.

위기관리란 재난, 사건, 사고로 인해 정상적인 활동이 불가능할 때 국민의 생명과 재산을 지키는 즉각적인 행동계획을 실시하는 것이며, 이 첫 번째 조치에 의해 국민들은 정부와 국가를 신뢰하게 된다. 무엇 때문인지는 모르지만 국가의 초동조치는 실망스러웠고 국민들은 당황하며 추이를 예의 주시하기 시작했다. 해경은 인명을 살리는 데 도움이 되는 역할을 하지 못하고 골든타임을 허비했다. 국민들은 분노하기 시작했다. 전 국민의 안타까운 마음이 노란 리본을 달고 실종자들의 생환을 기렸지만 시간이 경과됨에 따라 모두들 무력해졌다. 자신들의 무력함을 부끄러워하며 급기야 집단 히스테리 증세가 발생하기 시작했다.

1962년 1월 30일 탄자니아의 기독교 여자기숙사학교인 카사사스쿨에서 3명의 여학생이 아무 이유 없이 웃기 시작했다. 이 웃음병은 급속히 확산되어 전교생 159명 중 12살에서 18살 사이의 학생 95명에게 전염되었다. 증상은 아무 이유 없이 웃는 것으로, 짧게는 몇 시간에서 길게는 16일까지 이어졌다. 선생님들은 영향을 받지 않았으나 웃음으로 인해 수업을 할 수 없어 1962년 3월 18일 임시휴교령이 내려졌다. 휴교로 인해 집으로 돌아간 학생들이 기거한 마을의 217명이 전염되어 웃기 시작하였고, 웃음병은 계속 퍼져나가 6월 중순에는 인근 중학교가 휴교하였고 1,000여 명 이상이 감염되었다. 각 학교마다 차이가 있었으나 6주에서 18주 후 웃음병은 사라지기 시작했다. 정부는 이 병의 생물학적 원인을 밝혀내지 못하고 정서적 전염에 의한 집단 히스테리로 규정하였다. 이런 집단 히스테리는 웃음뿐 아니라 슬픔, 실신, 호흡곤란, 발진, 울부짖음 등으로 전염되기도 한다.

전시 아닌 평상시에 많은 사람들이 희생을 당한 재난 이후, 사람들은 갈등에 빠질 수 있다. 이런 갈등은 감성적이고 착한 사람들의 공감영역 확산과 그 정서의 사회적 전염에 의해 일어난다. 2014년 4월 16일 이후 우리 사회는 집단 히스테리에 빠졌고 급기야 소비까지 얼어붙게 되었다. 이 현상은 공감하지 못하는 집단들의 불만을 자극하여 계층간 집단갈등으로 확산되기도 한다.

집단 히스테리의 최장기간은 18주, 즉 126일이다. 126일이 지나면 집단 히스테리는 진정된다는 연구 결과는 세월호의 사고원인과 구조상황의 문제를 정확하게 조사하는 데 좋지 못한 영향을 미친다.

모두에 밝힌 동양의 갈등 해결방법으로 덮어버리고 잊게 하여 제대로 된 재발방지책을 만들지도 못하고 아무도 원하지 않는 방향으로 해결할 우려가 있다.

재난에 대한 처리를 처음부터 끝까지 말끔하게 해야 한다. 원칙은 선 인명 후 재산이다. 칠레의 광산 매몰 사고에서 보여준 국가의 리더십과 아직도 6·25사변 때 산화한 미군병사의 유해를 찾는 미국의 노력은 우리가 국가를 믿고 의무를 다하는 애국심의 원천이 된다.

국가는 먼저 구할 수 있는 생명을 구해야 한다. 최선을 다하는 순간엔 아무도 의사결정에 들어가지 말아야 한다. 가장 효과적으로 생명을 구할 수 있는 전문가들을 모아 신속히 최선의 의사결정을 하고 어떤 비용을 들여서라도 먼저 사람들을 구해야 한다. 다음이 원인규명이고 적폐청산이나 보상방법이다. 우리는 너무 서둘러 먼저 가고 있었다.

전쟁에 지면 집단 히스테리가 발작한다. 축구경기에서 훌리건에 의한 사고가 생기는 이유는 축구는 전쟁의 축소판이기 때문이다.

체르노빌 원전사고로 고르바초프의 소련연방은 붕괴되었다. 2005년 태풍 카트리나의 재해는 1,000명 이상의 목숨을 앗아갔고 50만 명의 이재민을 만들었으며 재임 10개월 만에 부시정부를 레임덕으로 빠트렸다.

큰 재난과 사고에 우리는 어떻게 대처해야 하는가?

일단 우리가 할 수 있는 일은 극도로 제한되어 있고 그 선의의 행동이 도리어 걸림돌이 될 수도 있다. 삼풍백화점이 붕괴되었을 때 크레인기사들이 TV뉴스 하단에 크레인이 필요하다는 자막을 보고 현장으로 달려갔으나 지휘소가 없어 길만 막고 우왕좌왕하다 돌아간 사례가 있다. 그래서 국가나 재난 컨트롤타워의 신속한 대응을 기다리는 수밖에 없다.

다음은 우리가 보여줄 시민정신이다. 도울 일이 있으면 돕고 동원이 필요하면 자원한다.

시간이 길어지면 당사자인가 아닌가에 따라 문제를 보는 눈은 매우 다르다. 당사자는 억울함이 더해가고 당사자가 아닌 사람은 너무 오래 간다고 짜증을 내기 시작한다. 이런 사태가 오지 않게 국가는 신속하게 일처리를 해야 한다. 갈등의 기간은 짧아야 한다는 교훈을 잊지 말아야 한다. 사람은 정서적 전염이 강하므로 침울한 분위기에 우울해지기 쉽다. 일상에 지장을 받고 무기력해지는 경우도 있다. 자신의 일은 더 열심히 신중하게 하고 재난의 억울한 희생자들을 도울 방법을 함께 연대하여 모색해야 한다. 이것이 재난에서 오는 갈등의 해결책이다.

갈등의 원천은 심리학에서 사용하는 접근 방법이다. 갈등의 원천은 크게 네 가지가 있는데 1. 자원의 부족, 2. 상이한 목표, 3. 상이한 수단, 4. 자존심을 위협하는 갈등이다.

자원의 부족 갈등은 적극적으로 갈등을 늘리거나 늘릴 수 없을 때는 개념을 바꾸는 방법으로 해결하고, 목표가 달라서 오는 갈등은 두 대립하는 목표를 모두 충족할 수 있는 제3의 목표를 만들어 해결하고 그것이 어려우면 목적을 물어보는 목적지향적 사고를 활용하면 더 차원 높게 근본적으로 해결된다.

수단이 달라서 생기는 갈등은 보유하고 있는 자원을 모두 공개하고 토의를 하면 된다. 세대차이, 평등을 위협하는 갈등, 자존심을 건드리는 갈등은 심리적으로 강해지기 때문에 정면으로 부딪혀 해결해야 한다. 큰 재해와 재난에서 오는 집단 히스테리에 대해서는 일희일비하지 말고 전체상이 파악되고 원인을 규명하고 재발방지대책이 효과적으로 나올 수 있도록 한다.

대부분의 갈등은 이러한 범주를 벗어나는 경우가 드물기 때문에 이것을 염두에 두고 자신이 겪는 갈등의 원천이 무엇인지 알아내고, 그 경우에 맞는 해결책을 선택하면 좋은 결과를 찾을 수 있을 것이다.

3_ 갈등의 원천

1. 자원의 부족에서 오는 갈등 및 해결책
- 사랑을 먹고 살 수는 없다

2. 목표가 달라서 생기는 갈등 및 해결책
- 보수와 진보/다른 입장 다른 목표

3. 목표는 같은데 수단이 달라서 생기는 갈등 및 해결책
- 원론 동의 각론 반대

4. 재난, 사고로 인한 집단 히스테리
- 대규모 재난에 의해 오는 갈등

4

갈등의 메커니즘

4장은 필자가 갈등을 손쉽게 이해하기 위해 만든 프로세스이다.

베이컨과 데카르트는 모든 일에 있어 프로세스가 없으면 개발하라 하였다. 프로세스로 만들어 전후를 이해하면 쉽게 이해된다.

4장은 갈등이 진행되어 가는 프로세스와 그 메커니즘을 다룬다.

진행단계에 따라 다섯 꼭지로 구성하였다.

1. 갈등의 이면에는 욕망이 있다.
2. 욕망충족을 위한 행동이 시작되면 불안한 마음을 되돌리려는 방어기제가 작동한다.
3. 방어기제는 나쁜 것, 중립적인 것, 좋은 것이 있다.
4. 욕망충족이 막히면 좌절과 스트레스가 생긴다.
5. 좌절행동의 관리방법을 배운다.

4장을 마치고 나면 갈등에 빠져 자기를 방어하는 사람을 관찰하는 여유가 생긴다. 그들을 도와줄 수 있는 좋은 태도를 갖게 되고, 적어도 자신이 다른 사람에게 갈등을 주지는 말아야겠다고 조심하게 되면 좋겠다.

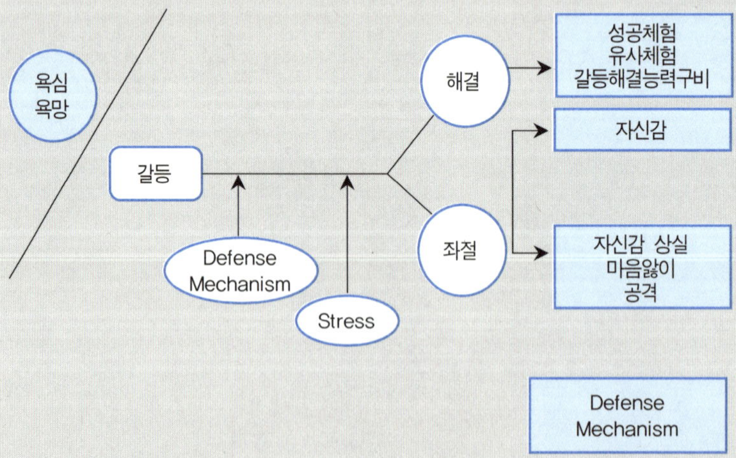

갈 등 관 리
chapter 1

갈등은 어디서 왔다가 어떻게 진행되며 어떤 결말을 맺는가?

• 갈등의 이면에는 욕망이 있다

내가 5년간 갈등관리 WEB과정의 체험과제를 채점하면서, 살아있는 모든 사람들은 갈등을 가지게 되며, 그 이유가 욕망에 있다는 것을 알게 되었다.

모든 갈등의 이면에는 욕망이 있다. 욕망이 없으면 갈등도 없다. 가령 자기 아들이 몸이 약하다는 것을 알았다 하자. 공부를 열심히 하면 몸을 버리고, 그러면 건강하게 살 수 없을 것이라 생각한 어머니는 아들의 학업성적에 대해서는 갈등하지 않는다. 어떻게든 건강하게만 성장해 다오. 이런 생각을 할 것이다. 반면 아이가 총명하고 공부도 잘하면 욕심이 생긴다.

공부를 더 열심히 시켜 좋은 성적을 받도록 하고 싶다. 산모가 출산 전에는 태교음악도 듣고 좋은 그림도 보고 남들보다 뛰어난 자식을 낳기를 기대하지만 정작 출산 직후 손가락 5개 발가락 5개가 제대로 달려 있는지를 물어보고 재차 확인하고는 안도한다.

르네 데카르트는 그의 저서 『방법서설』에서 모든 일에 프로세스가 없으면 프로세스를 만들라 했다. 내가 갈등의 프로세스를 만든 이유는 갈등에 대한 이해를 체계적으로 하여 적어도 내가 갈등을 주는 사람은 되지 말아야 하겠다는 취지이다.

갈등의 프로세스는 대체로 다음과 같다.

1단계 : 마음속에서 욕망이 생기면 그것을 충족하는 행위를 한다. 그 행위가 난관에 봉착하여 욕망충족이 어려워지면 갈등이 생긴다.

2단계 : 갈등이 생기면 욕망충족을 위한 노력이 진행 중이므로 잘 될 수도, 안 될 수도 있다. 그래서 불안하다. 그 불안으로부터 스스로를 보호하기 위하여 심리적 방어기제가 발동하고 스트레스도 쌓인다.

3단계 : 시간이 경과하여 욕망충족을 위한 행위가 끝나면 성공한 사람은 갈등을 극복하고 욕망을 충족했기에 자신감을 갖게 되고 앞으로 생기는 갈등에 같은 방법을 사용해서 갈등을 잘 관리할 수 있게 되고, 실패한 사람은 좌절에 빠지게 되면 심리적 불안에 의해 방어기제에 의존하고 극심한 스트레스에 고통받게 된다.

욕망충족이 걱정되면 나를 지키려는 방어기제가 작동한다

욕망의 충족이 여의치 않으면 갈등이 생긴다. 아주 예쁜 여인이 앞에 있는데 마음에 든다. 어떻게든 접근을 해야겠는데 나에게는 관심이 없는 듯하다. 그러면 갈등이 생긴다. 어떻게 저 여자에게 다가설 수 있을까?

반면 마음에 들지 않는 상대가 소개팅에 나왔다. 잘 보이고 싶은 마음도 없고, 다가서고 싶지도 않다. 어쨌든 주선자와의 관계도 있고 하니까 맛있는 식사나 하고 가자.

이렇게 마음먹고 마음껏 먹고 마시고 내숭을 떨지 않고, 민낯을 보여주어 질리게 한다. 갈등이 없다는 신호이다.

소개팅에 갔을 때 상대가 호탕하게 자기의 있는 그대로의 모습을 솔직하게 보여준다면 그 만남은 그날로 끝이 난다.

• 갈등이 진행되면 스트레스가 생기고 불편해진 자신의 마음을 평형상태로 돌리기 위한 시도가 심리적으로 진행된다

이것을 자기를 지키는 방법이라 명명하여 영어로 Defense Mechanism, 한글로는 '방어기제' 혹은 '적응기제'라고 한다.

이 방어기제가 발동하지 않으면 자기를 지킬 수 없으므로 이상행동을 하게 되어 사람들로부터 정상적이지 않은 사람으로 취급받고 소외당하게 된다.

사례 1

부부교사의 아들이 지적 장애를 가지고 태어났다. 그가 자라 보통 사람처럼 살아가는 경험을 시키려 봉급은 아버지가 주기로 하고 아들을 장애인 공장에 취직시킨 적이 있었다. 그런데 그가 종이에 살짝 손이 베였는데 피가 조금 나니까 죽는다고 놀라 고함을 질렀다. 모든 사람이 놀라 달려와 보니 아주 조금 피가 난 정도였다. 다른 사람들이면 아무 것도 아니라고 여기고 참을 수준을 그 친구는 지적 장애를 가지고 있었으므로 피가 나면 죽는다는 생각을 하여 그렇게 호들갑을 떨었던 것이다. 그날로 그는 공장에서 해고되었다. 봉급은 아버지가 주고 기부도 했었는데 그래도 안 되겠다고 데려가라 했다. 방어기제가 작동하지 않은 것이다.

우리는 눈길을 가다 실수로 발을 헛디뎌 미끄러지면 벌떡 일어난다. 그러고는 멋쩍은 듯이 웃는다. 속으론 아파 죽겠는데 미끄러진 것이 창피하고 남들이 우습게 볼까 생각하여 자기를 보호하려는 방어기제가 발동하는 것이다.

우리는 우리가 지극히 당연하다고 생각하는 것들에 고마워해야 한다. 이 방어기제가 없으면 우리는 직장생활도 사회생활도 하기 힘들어진다.

이 방어기제는 사람들에게 위안을 주기 때문에 자신에게 익숙하고 자주 사용했던 것을 선택하여 습관적으로 쓰게 된다. 하지만 여기에 맹점이 있다. 모든 방어기제들이 자기를 일시적으로는 위안해 주지만, 결과적으로 좋은 것이 있고, 중립적인 것이 있고, 나쁜 결과를 가져오는 것이 있다. 그것에 대해 정리해 보자.

중립적 방어기제, 나쁜 방어기제, 좋은 방어기제

• 중립적 방어기제

사례 1

사무실 안에서… 김 과장이 부지런히 서류를 챙겨 들고 나가는 뒷모습을 나머지 직원들이 걱정스러운 표정으로 바라보거나 자기 책상에 머리를 숙이고 열심히 일하는 척한다.
김 과장은 부지런히 서류를 챙겨 들고 팀장에게 결재를 받으러 갔다. 팀원들은 또 시끄러워지겠거니 생각하면서 불똥이 자신에게 튀지 않도록 걱정을 한다.
김 과장이 들어가자 팀장의 호통소리가 팀장 칸막이 너머로 들리고 팀장의 자리 칸막이 너머에서 마구 혼나면서 바닥에 떨어진 서류들을 줍고 있는 김 과장의 초라한 모습이 그림자로 보인다.
헝클어진 서류를 주섬주섬 주워 들고 김 과장은 힘없이 자리로 돌아간다. 요즘 들어 부쩍 김 과장에 대한 팀장의 추궁이 늘어났다.

나이도 동갑내기인 그들 사이에 무슨 일이 있는 걸까?

커피자판기와 소파, 재떨이가 있는 회사 흡연실… 김 과장이 담배를 힘껏 빨아들이며 짜증난 표정을 하고 있고, 그 모습을 그의 대학 후배인 이 대리가 멀리서 바라보고 있다.

연신 급히 빨아대는 담배는 시뻘건 화염을 연상케 한다. '또 2, 3개비를 연거푸 피운 거야?'라고 이 대리는 생각했다. 김 과장이 머리를 쥐어뜯으며 괴로워하고 있다.

"이 대리, 팀장 저놈을 확 들이받아 버릴까?"

"과장님 참으세요. 아이들과 사모님을 생각하셔야지요."

"그래 내가 참아야지. 나는 회사를 더 다녀야 돼…"

■ 억압, 억제Suppression

김 과장은 억압, 억제라는 방어기제를 사용하고 있다. 억압, 억제는 불안정한 상황을 참는 것이다. 이 세상 사람들이 모두 참지 않고 자기 생각과 감정에 충실하게 행동했다면 이 세상은 망했을 것이다.

울고 싶다고 다 울면 지금 이 눈이 있겠느냐, 미워한다고 다 없앴으면 이 세상 인구는 0에 수렴했을 것이다.

참는 것은 죄악이 아니다. 자정自淨이다. 자연이다. 참고, 억누르면서 그 상황을 극복하는 것이다. 참는다는 것과 포기하는 것은 다르다. 참고 견디면 다음 기회를 가질 수 있다.

위와 같은 상황에서 참지 않고 공격성을 밖으로 표현한다면 어떻게 될까? 사태는 험악해지고 화가 난 김 과장은 홧김에 사표를 쓰고 돌아서서 후회할 것이다.

우리의 직장 생활은 이런 억압과 억제를 방어기제로 가장 많이 사용하고 있다. 아직도 담배를 끊지 못하는 직장인들은 담배 한 모금에 위안을 받는 것이다.

실적과 시간에 쫓기는 금융기관 종사자들과 기자들은 담배를 끊지 못한다. 그들은 불편해진 심리를 억제하면서 참고 견뎌낸다. 직장인 월급의 80%는 참는 값이라는 말도 있지 않은가?

■ 퇴행Regression

퇴행은 심리적 불안정이 있을 때 아무도 자기를 나무라지 않던 어린 시절로 돌아가 그때 하던 행동을 하는 것을 말한다.

사례 2

팀장이 화난 얼굴로 서류를 들고 야단치는 모습…

앞에는 영자 씨가 시무룩한 표정으로 서 있다(총무팀 영자 씨는 팀장에게 불려갔다. 팀장은 콘도 배정이 잘못되고 누락된 것이 많다고 정신이 있느냐고 다그쳤다).

영자 씨는 혀를 쑥 내밀고 메롱을 하더니

"다시는 안 그러겠습니다."

하고는 도망쳐 버렸다.

갑자기 잠자던 남편이 새벽에 일어나 몰래 라면을 끓여 먹는 것, 아내가 아기같이 칭얼대는 것, 어른이 손가락을 빠는 것, 다 큰 성인이 친구에게 기대어 펑펑 울어 대는 것 등 성인이 어린 아이의 행동을 하는 것이 퇴행이고, 이런 행동은 퇴행행동이다.

우리 한국인들은 감수성훈련Sensitivity Training을 해보면 매우 단단한 자아를 가지고 있다. 서양아이들은 맥없이 무너진다. 그 이유가 무엇인지 추적해 보니 내 퇴행행동을 다 받아주는 어머니가 있었다. 90 노모가 60대 아들 장가를 못 보내어 그때까지 돌아가시지 못한다.

한국의 어머니는 아이가 잘못했다고 다른 나라 어머니같이 컴컴한 광에 가두지 않는다. 매를 들어 때리고는 '안티푸라민' 연고를 발라주며 안고 같이 운다. "그러게 엄마 말 좀 잘 듣지 왜 그랬니?"

■ 자기 희화화Self-caricaturing

사례 3

오늘은 일밖에 모르던 김 상무가 저녁 회식자리부터 작정하고 술을 마신다. 360도 평가에서 부하들을 너무 괴롭혀 좋지 않은 평가를 받았다 한다.

2차 노래방으로 자리를 옮긴 팀장들은 깜짝 놀라고 말았다. 그렇게 권위적이고 근엄하던 김 상무가 머리에 넥타이를 두르고 테이블 위로 올라가 설운도 씨의 사랑의 트위스트에 맞춰 트위스트를 추기 시작했다.

분위기는 고조되었고 멀게만 느껴지던 김 상무도 우리와 같은 인간이라는 사실을 새삼 깨닫게 되었다.

이것은 자기 희화화Self-Caricaturing라는 반응기제로 두려움의 대상을 우스운 캐릭터로 만들어 버림으로써 두려움에서 벗어나려고 하는 것이다. 김 상무는 팀원들과 소통하기 위하여 자기 자신을 망가뜨리며 희화화했다.

그 결과는 의외로 좋았다. 그날 이후 김 상무에 대한 평가가 달라졌고, 김 상무도 그런 자리를 자주 만든 결과, 담당 부문의 성과도 괄목하게 좋아졌다.

이상은 중립적 방어기제다. 중립적이라 함은 자기 자신이 노력하거나 주위에 여러분같이 갈등의 Mechanism을 이해하는 사람을 만나면 도움을 받을 수도 있고, 그렇지 않으면 주위 사람들의 몰이해 때문에 좌절에 이를 수도 있다는 것을 의미한다.

다음은 파국적 결과를 가져다주는 부정적 방어기제에 대해 알아보자.

• 나쁜 방어기제 : 나를 위안해 주지만 나를 망치는 것들

■ 투사Projection

사례 1

금방이라도 눈이 올 것 같은 저기압이 사무실을 덮고 있다. 어깨가 축 처진 김 팀장이 서류를 챙겨 들고 최 상무의 결재를 받으러 나가고, 직원들이 긴장한 얼굴로 앉아 있다. 사무실의 분위기가 매우 썰렁하고 서류를 들고 나가는 팀장의 얼굴도 굳어 있다.

사무실이 오늘 따라 찬바람이 난다. 팽팽한 긴장이 흐른다. 팀장이 몇 번씩이나 반려된 결재를 받으러 임원실로 간 것이다.

잠시 후 팀장은 상기된 얼굴로 돌아왔다.

팀장은 이쪽저쪽을 바라보고 삿대질하며 이 사람 저 사람에게 화를 내기 시작했다.

"요즘 사무실 근무 분위기가 엉망이야!"
"야! 김 대리! 그 책상 정리 좀 못해! 그게 책상이야 돼지우리야?"
"뭘 봐? 모두 일해! 이 월급 도둑들아!"

투사라는 방어기제이다. 투사는 자기의 분노를 그 원인이 아닌 다른 사람에게 토해 놓는 것이다. '종로에서 뺨 맞고 한강에서 분풀이한다'라는 속담이 그 예이다.

한강에서라도 화풀이하지 않으면 그는 속이 터져 죽는다. 자기의 불편한 심사를 누군가 만만하고 받아줄 수 있는 사람에게 전가하는 것이다.

만만한 사람으로 낙점된 그 사람은 속죄양처럼 따돌림을 받게 된다. 얼마 전 절찬리에 끝난 '상속자들'이란 TV드라마에서 교내 따돌림을 당하는 장면이 적나라하게 소개되었다.

■ 반동형성Reaction formation

그때 따돌리는 아이는 김우빈 분 투사를 하고 있는 것이다. 자기에게 요구하는 것과는 반대로 행동함으로써 자신의 존엄을 지키려 하는 것이 반동형성이다.

사례 2

김기훈 씨가 헐레벌떡 사무실로 뛰어 들어오고 나머지 직원들은 모두 벌써 출근해서 일하고 있다. 김기훈 씨는 오늘도 지각을 했다. 그다지 많이 늦지는 않지만 거의 매일 10분 정도 늦는 경우가 많다.

팀장은 1주일간 그를 관찰했다. 오늘도 시계를 보며 그를 기다리고 있었다. 9시 9분쯤 헐레벌떡 뛰어 오는 그를 불러 세운 팀장은

"자네 오늘도 늦었구먼. 오늘은 남들보다 1시간 늦게 퇴근하도록 해!"

하며 날 세운 목소리로 명령하였다.

시간은 오후 5시 40분. 업무 때문에 팀장은 김기훈 씨를 찾았다. 그는 자리에 없었다. 팀장은 "김기훈 씨 어디 갔어?"라고 다그쳐 물었고 옆자리의 입사동기가 기어들어가는 목소리로 말한다.

"김기훈 씨는 몸이 불편하여 병원에 가야겠다고 10분 전에 퇴근했는데요."

이것은 반동형성이다. 1시간 늦게 퇴근하라 상사가 명령했는데 되려 1시간 일찍 퇴근한 것이다.

이 상황에 대해 두 가지 케이스로 분석해 보자.

만약 팀장이 걱정스러운 표정으로 "왜 이 사람이 심리적 불안을 갖게 되었을까? 아, 그의 말을 들어 주지 않았구나! 정말 몸이 아픈지도 몰라. 내일 오면 몸이 나았는지 물어봐야지." 이렇게 생각할 수도 있고 화난 표정으로 "김기훈 씨에게 당장 전화를 걸어 당장 돌아오지 않으면 내일부터 나오지 말라 해!!" 이런 두 가지 행동을 할 수 있다.

우리는 두 번째 행동을 많이 보게 된다. 우리는 반동형성이란 방어

기제를 반항이라 생각하고 불쾌하게 생각한다.

이런 반동형성이라는 방어기제를 '반항'이라 생각하면 잘못된 행동이라 인식하여 야단을 치거나 가혹한 대응을 하게 되고, 그 사람은 야단을 맞지 않으려고 더욱 더 방어적으로 반대로 행동하게 된다. 그래서 이 방어기제반동형성에 의존하면 응징-반동형성의 악순환이 계속되어 그 사람은 반항아라는 낙인이 찍히고 그는 욕구 불만의 늪에서 공격과 철회의 악순환만 반복하다가 불행한 삶을 살게 된다.

반면 위의 행동을 방어기제 중 반동형성이라는 것으로 인식하고, 방어기제가 심리적 불안정 때문에 나오는 것이라는 것을 알면 그 사람이 갈등상황에서 자기를 보호하려는 행동을 한다는 것을 이해하게 되어 방어기제를 모를 때와는 전혀 다른 결말을 가져온다.

상대방에게서 어떤 방어기제가 나오면 상대방이 갈등상황에 있다는 것이며, 갈등의 이면에는 욕망이 있다.

'그에게는 어떤 욕망이 있고 그는 왜 그것이 충족되지 못할 것이라고 생각할까? 내가 그 사람의 욕망을 충족시켜 줄 수 없을까?'

이렇게 생각하면 그 사람은 당신의 도움으로 갈등을 해결하고 갈등을 관리하는 역량을 갖게 되며 향후 겪게 되는 갈등도 좋은 방향으로 해결하고 관리하여 자신감을 가지고 살 수 있게 된다. 하지만 대부분의 사람들이 이런 지식이 없기 때문에 사람들을 이해하고 관찰하려 하지 않고, 상대방의 말을 듣지 않고 자기 나름대로 해석하고 반응한다.

이런 현실이 부모와 자식 간의 불화, 상사와 부하직원 간의 소원한 관계를 낳게 하는 원인이 되었다.

이와 같은 관점으로 다음의 방어기제를 보는 눈을 갖는 것이 좋다.

■ 합리화Rationalization

합리화는 자기가 잘못된 이유를 외부에서 찾는 것이다. 흔히 우리가 변명한다고 하지만 심리학에서는 이것을 Attribution Theory귀인이론으로 설명한다. 누구도 문제의 원인이 자기에게 있다고 생각하기를 싫어하기 때문에 문제를 남의 탓으로 돌리는 것이다.

아이에게 "시험성적이 왜 이리 나쁘냐?"고 물으면 선생님이 시험범위 아닌 데서 문제를 냈다 하고 왜 성적이 올랐냐고 물으면 자기가 열심히 했으니 피자를 사달라고 한다. 안되면 조상 탓 잘되면 제 능력이다.

사례 3

운전면허 시험장에서. 이영애 씨가 탄 노란 시험용 차에 빨간 불이 켜져 있고, 이영애 씨가 얼굴을 찡그리고 운전석에 앉아 있다. 차는 S자 같은 코스에서 선을 밟고 넘어가 있다(이영애 씨는 오늘도 운전면허 실기 시험에 떨어졌다. 벌써 5번째이다).

돌아온 이영애 씨가 사무실 자리에 앉아 있고, 수미 씨가 옆으로 다가오면서 물어본다.

수미 씨 : 시험 잘 봤어? 붙었어?

이영애 씨가 기운 없는 얼굴로 말하고 있고 수미 씨가 옆에서 아쉬운 표정으로 입을 삐죽 내밀며 서 있다.

이영애 씨 : 아침부터 배가 쌀쌀하게 아프더니 화장실에서 30분을 있었거든.

수미 씨 : 에이 또 떨어졌구나.

사례 4
"이사님 아드님은 어느 대학 지원하나요?"
"우리 아들은 공부보다는 연예계에 관심이 있다는구만
공부도 잘하는데 말이야.
뭐 자식 이기는 부모 있나? 요즘은 꼭 대학 나와야 하는 것도 아니고…"

요즘은 어느 대학 진학했냐 어느 회사 합격했냐 물어보면 사형감 이라는 우스갯소리가 있다.

■ 부정· 부인Denial

'부인'이라는 방어기제는 그 사실이 있었다는 자체를 잊고 싶다는 것이다. 이것이 심해지면 '선택적 기억상실증'에 걸리기도 한다. 이 방어기제에 자주 의존하게 되면 현실인식이 현저히 줄어들게 된다.

사례 5
김석란 씨가 풀이 죽은 표정으로 성적표를 들여다보고 있다.
(김석란 씨는 대학 수능시험에서 80%의 점수를 받았다. 늦은 공부였지만 노력에 비해 성과가 너무 없었다)
재희 씨가 커피를 마시면서 김석란 씨와 얘기하는 모습, 김석란 씨는 정색을 하면서 손을 내젓고 있다.

재희 씨 : "시험은 잘 보았니?"

석란 씨 : "나 시험 안 봤어. 내년에 칠거야."

부인Denial과 취소Undoing도 같은 맥락으로 좋지 않은 방어기제이다.

■ 고립Isolation

고립 역시 효과적이지 못한 방어기제 중 하나다. 감수성이 예민한 여자 아이에게서 자주 발견된다.

이런 고립은 매우 좋지 못한 결과를 가져오므로 조심해야 한다. 이것이 심해지면 자폐증, 실어증, 대인기피증 등의 정신질환으로 진행되기도 한다는 견해도 있다. 그런 까닭에 나는 어떤 일이 있어도, 야단을 맞았거나 마음이 불편할 때 가족들이 혼자 '고립'에 의존하게 하는 것을 허용하지 않는다. 사람으로 생긴 문제는 사람들과 부대끼면서 푸는 습관을 가지는 게 좋다.

사례 6

윤은혜 씨는 어두컴컴한 방에 쭈그리고 얼굴을 무릎에 파묻고 앉아 있다. 문을 사이에 두고 문밖에선 엄마가 방문을 두드리는 모습이 보인다. (윤은혜 씨는 어머니로부터 야단을 맞고는 자기 방을 잠그고 틀어 박혀 하루 종일 나오지 않는다. 방에는 불조차 켜지 않고, 아무리 부르고 달래도 나오지 않는다)

엄마 : "은혜야! 문 좀 열어봐!"

은혜는 어두컴컴한 좁은 방에 자기를 고립시킴으로써 위안을 얻고 있는 것이다. 어떤 사람이 말을 하지 않고 입을 꾹 닫고 있는 것도 고립하는 것이다.

이상의 다섯 가지 방어기제투사, 반동형성, 합리화, 부인, 고립는 좋지 않은 것임에도 불구하고 우리가 흔히 사용한다. 이런 사실은 우리가 갈등에 대해 무지 하다는 반증이기도 하다.

우리는 이런 현실을 직시하고 자신의 주변부터 이해시키고 이 방어기제에 의존하지 않도록 알려주는 것이 좋다.

• 좋은 방어기제 : 동일시로 배운다

■ 동일시 Identification

다음은 성공적인 네 가지 방어기제에 대해 알아보겠다. 이 방법은 실천하기 어렵기 때문에 학습한 후 자신의 활용계획을 세워보고 실천하는 것이 좋다.

세계가 스스로 B급 가수라 말하는 싸이의 말춤에 열광하고 있다. 그 안무와 강남스타일이라는 노래의 인기 때문에 강남역은 항상 인파로 붐빈다. 세계인이 K-Pop에 열광하고 있다. 세계 한류 팬들은 한국 아이돌 가수들의 노래와 춤을 따라 한다. 그게 좋고 그렇게 하는 것이 행복하다고 말한다.

자기의 욕망을 충족시킬 수 없을 때 자기가 좋아하는 사람을 따라 하는 것. 그것은 동일시Identification라는 방어기제를 사용한 것이다.

연예인에 열광하고 따라 하는 것은 이 방어기제이다. 만약 그들이

스타를 따라 하지 않았다면 차세대 스타는 나오지 않았을 것이다.

자신이 처음 배울 때는 자기가 좋아하는 사람을 따라 하게 되고 일정 수준이 지나면 대가를 따라 하고 어느 수준이 지나면 자기 나름의 길을 가게 된다. 이때 그 사람처럼 되고 싶다는 갈등을 좋은 방향으로 이끄는 것이 동일시라는 방어기제다.

학교 다닐 때 존경하는 선생님의 흉내를 곧잘 내던 학생들은 공부를 잘했다. 학생들이 흉내 내는 선생님들은 대개 실력도 좋고 인품도 좋은 분들이었다.

사례 1

나는 고기를 먹은 뒤엔 꼭 커피를 마신다.

내가 고기를 먹으면 꼭 커피를 마시는 이유가 있다. 노산 이은상 선생님의 동생 인산 이길상 연대 화학과 교수님이 스웨덴에서 노벨상 수상자인 스승 밑에서 공부를 할 때 이야기이다.

한국에서 고기를 많이 먹어 본 적이 없는 선생님은 주식이 육식인 스웨덴에서 매일 고기만 먹어 메스꺼움을 느꼈다. 할 수 없이 고육책으로 생각해 낸 것이 소금을 먹는 것이었다.

매일 속이 메스꺼울 때마다 소금을 입에 털어 넣다가 수업시간에 스승에게 들켰다. 스승이 자초지종을 묻자 곧이곧대로 답했다.

스승은 이길상 교수님을 데리고 가서 커피를 먹이고, 고기를 먹고 난 후 꼭 커피를 먹으라고 가르쳤다. 놀랍게도 메스꺼움이 그치고 몸도 좋아졌단다.

그 수업을 듣고 난 후 나도 고기를 먹은 후는 낮이고 밤이고 커피를 마신다. 지금도 레시틴이 많이 든 씨앗을 좋아하는 것도 인산 선생님의 영향이다.

자기 3형제는 아호도 모두 산을 썼는데 자기는 화학자이니 인산인 H_3PO_4를 쓰셨다 한다. 이것도 동일시이다.

시인, 화가, 작가들은 자신의 갈등을 상징화Symbolization한다. 자신의 충족되지 않은 요구와 욕망을 이미지, 글, 그림으로 표현하는 것이다. 이것도 좋은 방어기제에 속한다.

치매병원이나 정신병원에서 그림치료나 노래치료는 자폐를 앓는 사람에게 큰 효과를 본다 한다. 내 견해로는 우리나라가 술에 관대하기 때문에 또 노래방이 많기 때문에 반사회적 병자들의 출현이 적다고 생각한다. 그들의 갈등을 승화시켜 뽑아내면 재능을 발견할 수 있다. 유명한 소리꾼인 장사익 선생도 50대에 들어서 노래를 시작했다 한다.

사례 2

"81세의 신진 화가…"

그는 29살이 되던 해부터 현금출납원으로 일하기 시작했습니다. 월급을 모아 장사도 하여 꽤 돈을 모았고, 77세가 되는 해에 은퇴하였습니다. 그 후에는 노인학교에 가서 잡담하거나 체스를 두는 조용한 날들이 이어졌습니다. 이제 인생을 마무리하는 일만 있을 것 같았죠. 그가 81세가 되던 해였습니다. 한 젊은 자원봉사자가 그에게 다가왔습니다.

"할아버지, 오늘은 왜 혼자 계시나요?"

그날은 함께 체스를 둬 주던 친구가 몸이 불편해 못 나온 날이었습니다.

체스 상대가 없어 할 일이 없어 멍하게 있는 할아버지가 자원봉사자의 눈에 띈 것입니다.

"그냥 그렇게 앉아계시지 말고, 미술실에 가서 그림이나 그려보시겠어요?"

노인은 껄껄대며 웃었습니다.

"나는 한 번도 붓을 구경해 본 적이 없네"
"걱정하실 필요 없어요. 그냥 재미로 한번 해보는 건데요.
"나이가 많아서 손도 떨리는데…"

하지만 달리 할 일도 없었기에 노인은 재미 삼아 그림을 그려 보았습니다. 생각보다 그리는 것은 재미있었으며 노인의 눈은 반짝반짝 빛났습니다. 붓을 잡은 손을 떨렸지만 그때부터 그는 매일 거르지 않고 그림을 그렸습니다. 이후 10주간의 미술 교육과정을 마치고 그림을 그리기 시작해서 내놓았는데, 미술계의 평가가 아주 좋았습니다.
이윽고 노인의 그림은 '원시의 눈을 가진 미국의 샤갈'이 그린 그림으로 일컬어지며, 불티나게 팔려나갔습니다. 노인의 이름은 해리 리버만 Harry Liberman입니다. 그는 81살에 미술을 시작했고 101살 되던 해에 22번째 전시회를 가졌고, 103살에 생을 마감했답니다.
예순 살이든 일흔 살이든, 아직 인생은 끝나지 않았으며 도전할 것은 얼마든지 남아 있습니다. 나이는 문제가 되지 않습니다!!! 전, 이제 청년이군요.

(정철한. BNP 파리바 은행 부문대표가 페이스북에 소개한 글이다)

■ 치환 Replacement

치환은 자신의 욕망이 벽에 부닥칠 때, 보다 실현이 쉬운 다른 것으로 욕망을 돌리는 것을 말한다. 이 방어기제는 사람을 주어진 환경에 현명하게 적응하게 해준다.

사례 3

만수가 자전거 보관소에 자기 자전거가 없는 것을 발견하고 깜짝 놀랐다(만수는 자전거를 도둑맞았다. 바로 사 달라는 말은 못하고 몇 달이 흘렀다). 만수는 자전거 가게 앞에서 아빠의 팔을 붙들고 자전거를 가리키며 사 달라고 졸랐다.

만수 : "아빠! 자전거가 필요한데요."

아빠 : "안돼! 간수도 못하는 자전거는 왜."

만수 : "아빠, 그럼 킥보드라도……"

만수는 킥보드를 갖게 되었다.

그로부터 3달 뒤 만수는 어머니를 졸라 자전거도 갖게 되었다.

치환은 욕망의 크기가 너무 커서 실현하기 힘들 때 상대적으로 충족되기 쉬운 욕망으로 바꾸는 것이다. 밍크코트를 사 달라니까 안 된다 하면 모직코트라도, 아니면 블라우스라도 건지는 것이 좋다.

세계일주가 안 되면 제주도라도 여행 가자. 이렇게 달성 가능한 목표로 바꾸어 충족하는 것이 현명한 방법이다.

■ 승화Sublimation

마지막으로 승화에 대해 알아보자. 승화는 내면화라고도 하며, 다음의 아이작 뉴턴 경의 사례와 같이 욕망의 장애의 원인을 깊이 생각하여 자신이 그 장애 요인을 자신의 노력으로 극복하는 것을 말한다.

많은 위인들의 전기는 이 내면화 과정을 자세히 보여주고 있다.

사례 4

이번 사례는 영국의 자랑 아이작 뉴턴 경의 어린 시절 이야기다. 학교 운동장에서 어린 아이작이 울고 있고 주위의 친구들이 놀리고 있다.

어린 아이작 뉴턴은 유복자였다. 미모가 뛰어났던 그의 어머니는 아버지가 죽고 얼마 안 되어 건너 마을 교회 목사에게 재가를 하고 뉴턴은 할머니와 살고 있었다.

그는 돌봐줄 엄마가 없었으므로 할머니에게 의존하고 살았다. 초등학교 입학식 날 할머니와 헤어져 선생님과 함께 교실로 갈 때 그는 할머니와 떨어지는 것이 두려워 울음을 그치지 않았다.

초등학교 입학 때부터 그에게 붙여진 별명은 '울보 아이작'이었다. 그는 공부도 못했고 매일 울기만 했다. 아이들은 계속 아이작을 놀렸다.

"울보~ 아이작!"

"야~ 울보~"

그런데 아이작에게는 뛰어난 목공 실력이 있었다. 그가 초등학교 4학년 때 일주일을 공들여 정교한 물레방아를 만들어 학교 연못에 설치해 놓았다.

사람들은 모두 감탄하고 그의 솜씨를 칭찬했다. 그런데 그 물레방아를 학교에서 1등 하는 부잣집 아이가 발로 차서 부숴버렸다. 아이작은 매우 불쾌했다. 그는 이 불쾌감의 원인을 생각해 보았다.

"내가 공부를 못해서 그 아이가 나를 무시한 거야! 내가 정말 바보일까? 이번 시험에 죽도록 열심히 공부해 보자! 그래도 안 되면 나는 진짜 바보임에 틀림없어!"

그는 열심히 하였고 결과는 1등이었다. 그 후 아이작은 1등을 놓친 적이 없었다. 상급학교 진학도 그의 성적을 높이 산 선생님들의 지원으로 가능했다. 만유인력의 법칙을 발견한 그는 물리학계의 큰 업적을 남겼다. 영국이 금 지준제를 포기하고 관리통화제를 채택할 때 사람들이 동요했다. 그때 국왕은 모든 사람들로부터 존경받는 뉴턴 경을 영국의 조폐공사 사장으로 선임했다.

이 성과는 어린 날의 자기 갈등을 승화라는 방어기제로 잘 관리한 결과였다.

이제 여러분은 갈등 진행 시 나타나는 방어기제Defense Mechanism에 대해 모두 학습해 보았다. 다시 한 번 짚고 넘어가기로 하자.

여러분 주위 사람이 방어기제에 해당하는 행동을 한다면 먼저 '그 이면의 욕망이 무엇일까?' 하고 생각하자. 다음은 내가 도움을 줄 수 있는 방법을 강구하고 실행하자. 특히 좋지 못한 방어기제가 나오면 백번 당신이 양보하자. 그리고 그 사람에게도 알려주자. 자꾸만 그런 방어기제에 의존하게 되면 그 사람의 향후 삶에 좋지 못한 결과가 나올 확률이 높다고.

좌절과 스트레스

방어기제가 작동하는 과정에서 스트레스가 생기게 된다.

스트레스에 의한 신체반응은 크게 세 단계로 나누어 볼 수 있다. 첫째, 스트레스를 느낄 때 먼저 나타나는 '경계' 반응으로, 이때는 스트레스에 대해 직면하고 투쟁하거나 혹은 어려운 상황을 피할 수 있도록 신체가 긴장하고 준비하는 단계이다. 계속 스트레스가 지속되면 '저항' 단계로 들어가는데, 이때는 스트레스 때문에 입은 손상을 보충하고 스트레스에 적응하거나 없앨 수 없다면 스트레스와 더불어 나름대로의 해소책을 개발하여 음주, 가무, 식도락 등으로 스트레스와 함께 생활하는 것을 배우게 된다. 보통 우리들이 일상생활에서 첫째, 둘째 단계는 흔히 경험하는 단계이다. 그러나 심한 스트레스가 가중되고 지속될 때 결국 견디지 못해 스트레스를 자각하지 못하고 무방비 상태에 빠지거나 '탈진' 단계에 이르게 된다. 이런 상태가 지속될 때 스트레스성 질환이 발병하게 되고 극심한 경우에는 직장인의 돌연사를 초래하기도 한다고 한다.

(신촌세브란스 정신과 이홍식 교수 글 정리하여 발췌)

다음은 우리가 간단하게 체크할 수 있는 현재 상태의 스트레스에 대한 설문이다. 범용적 설문이므로 가볍게 체크해 보기로 하자.

순번	내 용	예	아니요
1.	아무리 늦게 잠들어도 아침엔 일찍 일어나는 편이다.		
2.	혼자서 점심 식사를 할 땐, 옆에 서류뭉치를 펼쳐놓고 보면서 시간을 절약하려고 한다.		
3.	매일매일 할 일을 리스트로 만들어 놓는다.		
4.	아무것도 하지 않고 쉬고 있는 것은 견딜 수 없다.		
5.	남들로부터 일에 대해서 정력적이고 경쟁적이라는 평을 듣는다.		
6.	주말이나 휴일에도 일을 한다.		
7.	언제든지 어디에서든지 필요하다면 일을 할 자세가 되어 있다.		
8.	일이 너무 많아서 휴가를 내기가 힘든 편이다.		
9.	퇴근 후에도 내일 일에 대해서 걱정을 많이 한다.		
10.	정말로 일을 하는 것을 즐긴다.		

'예'로 응답한 개수가

- 7개 이상이면 "당신은 지금 위험상태입니다."
- 5개 이상이면 "경고 단계군요… 위험상태로 가지 않도록 주의하세요."
- 3, 4개면 "진행 중입니다. 아직은 괜찮지만 Stress가 늘지 않도록 신경 쓰세요."
- 3개 미만은 "괜찮습니다. 앞으로도 관리를 잘 하십시오."

좌절행동관리

• 승진 좌절 : 깨어진 신뢰. 회사를 나가야 하나?

김수철 씨가 밤늦은 사무실에 앉아 열심히 일하고 있다. 그는 지난 4년을 남보다 항상 일찍 출근하고 마지막에 퇴근했고 한 번도 일을 피해 본 적도 없고 언제나 일을 찾아 했다.

오늘은 인사발표가 나는 날이다.

인사발령 공고가 붙은 곳 앞에 사람들이 몰려 있고, 그쪽으로 김수철 씨가 자신 있는 표정으로 걸어가면서 생각한다.

'대학 시절의 꿈인 대기업의 최고 경영자가 되기 위해 회사 일에 매진하며 보내온 시간들의 첫 결실을 지금 확인하러 간다. 하하!'

그런데 웬걸, 인사발령 공고에는 김수철이란 이름이 없다.

어! 이게 어떻게 된 거야? 내가 왜 없어? 김수철 씨는 하늘이 노랗게 되는 충격을 받았다.

대부분의 사람들은 이런 경우 좌절하게 된다. 기대가 컸던 것만큼 좌절도 크다.

회사에 일주일 정도 가지 않고 자기가 무엇을 잘못했는지 생각해 보지만 조직과 상사에 대한 배신감은 지울 수 없다. 일 잘한다고 부려먹을 땐 언제고 평가할 때는 안면을 바꾸다니, 자신 있고 성급한 사람은 먼저 사표를 던지기도 하지만 대부분은 그렇게 하지 못한다. 속으로는 분노가 끓어오르고 배신감에 치를 떨며 허물없는 친한 동료에게는 회사를 그만두겠다고 하면 그 동료는 참으라고, 고통과 창피함은 잠시뿐이라고 기회는 많다고 말린다.

여기저기 친구를 찾지만 그들 또한 한가하지 않다. 한 번 이상은 만날 시간이 없다. 그러면 자기만 놀고 있는 것 같고 계속 실직할 것 같은 불안감이 생긴다. 별 묘책을 찾지 못한 그는 다시 회사를 나오고 점점 더 냉소적이 되어간다. 열심히 하는 후배사원을 보면 이렇게 말한다.

"너무 열심히 하지마 그런다고 승진시켜 줄려나. 날 봐. 뼈 빠지게 일해도 승진할 사람은 따로 있다고."

깨진 신뢰는 조직에 냉소적인 소외된 직원들을 양산한다. 로버터 E. 켈리는 그의 저서 'Followership'에서 소외된 팔로우의 원인을 '깨진 신뢰'로 든다. 믿었던 조직으로부터의 배신, 그것은 개인으로서는 받아들이기 힘든 가혹한 것이다.

그를 구한 것은 일 년 늦은 다음 해의 승진이었다. 동료들보다 늦게 승진하니 뒤처진 기분도 들고 '드디어 되셨군요'라고 축하하는 직원들의 말도 비아냥으로 들리고 이것도 그리 탐탁하거나 기쁘지 않다. 최초의 실패는 그를 그의 꿈과 멀어지게 한다고 생각하게 했다. 하지만 나는 직장생활을 할 때 빨리 승진한 사람은 빨리 그만두는 것을 보았다.

못난 나무가 산을 지킨다는 말이 있다. 미끈하고 잘 생긴 나무는 목재로 벌목되어 팔려나가고 못 생긴 나무만 남아 산을 지킨다는 말인데 직장생활도 무던한 사람이 오래 다니고 다니다 보면 처음 승진할 때 누락된 사람이 임원으로 승진하여 큰 책임을 맡을 기회도 잡는 것을 많이 보았다. 하지만 김수철 씨는 분명 지금 좌절하고 있다.

직장생활에서 겪게 되는 좌절은 크게 다음의 5가지로 나눌 수 있다.

첫 번째는, 수입이 낮아 내가 하고 싶은 일을 할 수 없고, 자녀들의 사교육비를 충분히 지원할 수 없고 가족에게 사주고 싶은 것을 못 사주는 것이다.

두 번째는, 김수철 씨 케이스 같은 승진에 누락되는 것이다.

세 번째는, 차별대우를 받는다, 따돌림을 받는다, 주위 동료의 관심을 끌지 못한다 등으로 직장에서 소외되는 것을 말한다.

네 번째는, 조직의 일이 많거나 행사가 많아 가족과 지낼 시간이 부족한 것이다.

마지막으로 다섯 번째는, 경쟁이 치열하다, 경쟁에 뒤진다, 인정받지 못한다 등이다.

이상의 다섯 가지는 직장인이 흔히 겪는 갈등으로 업무좌절Job frustration이라 한다.

김수철 씨가 받은 충격은 매우 크다. 특히 요즘은 직급승급이 자동적으로 되는 풍조이기 때문에 더욱 그러하다. 하지만 지나치게 예민하게 반응할 필요는 없다. 처칠도 루즈벨트도 다 초기의 인생에 실패한 사람들이다. 진급에 목숨 걸 필요는 없다. 하지만 갈등이 생기는 것은 어쩔 수 없다.

딱히 묘안이 떠오르지 않는다면 친한 직장 동료들과 한 잔 기울이면서 소외감을 풀고, 털고 일어서는 것이 쿨한 자세이다.

이 책을 읽는 독자가 팀장이라면 '극복은 각자의 몫'이라고 팽개쳐

두지 말고 진급에 실패한 사람의 좌절행동에 관심을 가져야 한다.

● 승진 좌절에는 심리적 보상이 필요하다

S는 과장 진급에 실패한 동료 직원과 함께 술을 마시다가 그 직원에게 선동되어 함께 관계사 인사담당 임원 집에 밤에 찾아가 항의하기로 하고 대문 앞에 섰다.
들어가서 따질 것이라고 호기를 부리던 그 친구는 마치 S를 보고 말려달라는 표정으로 주춤거렸다.
그래서 S가 말했다. 그 임원 집 문 앞엔 새로 지급받은 소나타 CXL 승용차가 덮개를 씌운 채로 고이 주차되어 있었다.

"저 차 김 상무 차 맞지?"
그 친구는 고개를 끄덕거렸다.

"저 차에 덮개나 벗겨 버리고 소변이나 보자! 더러운 세상" 하며 그 새 차를 덮고 있던 커버를 벗겼다. 그 친구도 도왔다. 하늘에는 마침 눈구름이 모이고 있었다. 그들은 차가운 날씨에 체온을 잃고 동시에 부르르 떨었다. 그때 갑자기 김 상무 집에 불이 켜졌다. 그들은 정신이 번쩍 들어 달리기 시작했다.

"야 우리 들켰을까?"
"너 잡히는 것 아냐? 그런 짓 할 사람 너 밖에 없잖아."
"잡아떼면 되지 솔직히 눈 좀 뒤집어 쓰는 것, 몸도 아니고 차에. 그것과 진급에 누락되는 아픔이 비교가 된다고 생각해?"

조금 전과는 달리 또 감정이 고조되어 가고 있었다. 애꿎은 소주만 두 병 더 쏟아 붓고 포장마차에 앉아 해장우동을 먹으며 물었다.

"시원해?"

"응 한결 나아졌어. 내일부터 열심히 다녀야지 애가 유치원 간다는데."

그렇게 그들은 밤을 좌절 속에 떨며 분노를 차에 배설하였다.

좌절에 대한 하나의 유일한 강구책은 이런 심리적 보상Compensation이다. 심리적 보상이 이루어지고 난 다음, 화풀이한 후에는 현실이 보인다. 특정한 목표에 대해 좌절되었기 때문에 당신은 그와 연결된 다른 목표를 성취하기 위해 더욱 열심히 매진하게 된다.

진급에 누락되어 함께 난동을 피웠던 S의 친구는 관계사 인사담당 전무까지 지내고 퇴직하여 잘 살고 있다 한다. 그 친구도 회사 재직할 때 인사시즌이 되면 아침에 자기 차를 둘러보고 가해의 흔적을 찾는 버릇이 생겼다 한다.

그리고 회사 인사기록카드에 집 주소는 공개하지 않았다 한다. 인사담당 팀장이나 임원의 집 주소는 공개하지 않는 회사가 많다. 그런다고 모르겠는가. 우리나라 IT가 얼마나 발달해 있는데.

우리는 위 사례와 같은 행동을 하는 사람을 어리석다 생각한다. 하지만 자기가 그런 입장이 되면 정말 억울하기 그지없다. 물론 자기가 못나서 그런 결과가 나왔다는 것을 익히 안다. 그래도 이 억울한 마음을 분출할 방도를 찾게 된다. 대개 만만한 사람들에게 화를 내게 된다. 친한 친구가 이유 없이 나에게 화를 낸다면 대개 이런 경우를 당한 것이다. 그러니 이유 없이 나에게 화풀이를 한다고 대응하지 말고 그 화풀이를 받아주는 아량이 필요하다. 저 친구 지독하게 좌절하고 있구나, 얼마나 괴로울까?

내 친한 친구가 대학입시에 낙방하여 좌절하고 벽을 손으로 치고 상처 난 손으로 그 당시 독한 드라이 진 한 병을 입도 떼지 않고 마셔버렸다. 나는 말리지 않았다. 함께 있었다. 그 좌절을 이해하며 말없이 술잔을 함께 기울였다.

• 좌절에 대한 대응 방법론

우리 사회는 의식적이든 무의식적이든 사람들을 좌절에 빠뜨리고 팽개친다. 부모는 그것을 강하게 키우는 것이라 하고 위정자들은 원칙을 지킨다 한다. 부모와 학부모가 달라지는 나라, 후보와 당선자가 달라지는 것을 보고 우리는 좌절한다. 좌절하는 사람들이 얼마나 늘었으면 좌절금지 포스터 'OTL 좌절금지'까지 나왔을까?

기왕 시작한 김에 좌절행동에 대해 좀 더 깊이 들어가 보자.

욕구불만에 대한 반응

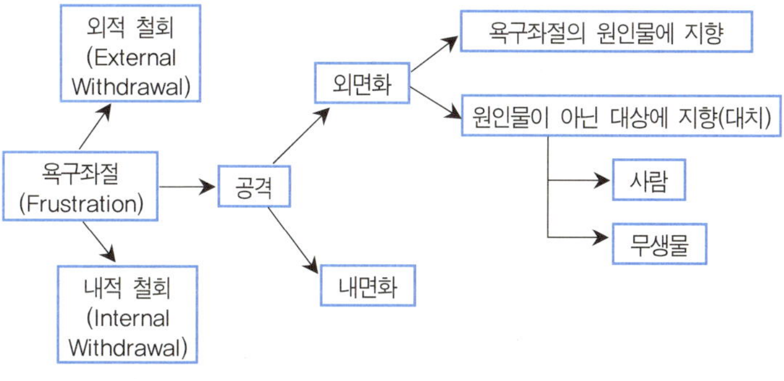

위의 표를 잘 기억하고 다음의 문제들에 대해 더 생각해 보자.

사람들은 자기 욕구가 좌절되었을 때 두 가지 반응을 한다. 그 욕구 자체를 거둬들이는 '철회'와 좌절한 감정을 외부로 표출하는 '공격'이다.

이 철회와 공격은 각각 두 가지로 나누어지는데, 철회는 겉으로 보기엔 철회한 것처럼 보이지만 호시탐탐 욕구를 충족할 기회를 노리는 '외적 철회'와 아예 마음 깊은 곳으로부터 그 요구를 거두어들여 영원히 포기하는 '내적 철회'가 있다.

공격은 주로 내성적인 사람들이 자신을 공격하고 자책하는 내면화 공격과 광폭한 사람들이 눈에 보이는 사람이나 대상에게 분노를 표출하는 외면화 공격이 있다.

외면화 공격의 예는 욕구불만인 사람이 눈에 바로 보이는 깡통을 난폭하게 차거나 유리창을 깨는 등으로 물건에 화풀이하는 경우와 직접 자신에게 좌절을 준 사람을 공격하는 경우가 있다.

요즘 공동주택의 층간 소음 시비로 아래 위층 사람끼리 살인을 했다는 보도가 몇 건 있었다. 이것은 외면화 공격의 한 전형이고 그 공격을 한 가해자도 사실은 좌절한 사람이었다.

그럼 욕구불만에 따른 행동들을 자신의 생각에 비추어 선택하고 앞의 표 중 어떤 반응에 해당하는지 답해보도록 하자.

아들이 자전거를 사 달라 한다. 자전거는 위험하니 못 사주겠다고 거절했더니 아들은 다음과 같이 반응했다. 아들의 반응에 해당되는 욕구불만 반응은 다음과 같이 분류할 수 있다.

첫 번째는 "잘 알겠습니다. 다시는 그런 요구 안 하겠습니다." 마음속으로부터 기대를 포기한 '내적 철회'의 경우이다. 아들은 다시는 아버지에게 요구하지 않을 것이고 그것이 상처가 되어 아버지를 미워할 수도 있다.

두 번째는 '언제면 사줄 수 있느냐?' 물어본다. 호시탐탐 기회를 노리는 '외적 철회'에 해당한다.

세 번째는, 집에서 키우는 개를 발로 찬다. 동물을 학대하는 것은 '외면화 공격'에 해당한다. 아버지에게 대들고 싶지만 그랬다간 혼이 난다. 약한 상대에게 자기 욕구불만을 표시하는 것이다.

네 번째는, 의기소침하여 자기 방으로 틀어박힌다. 그 후로 말이 없다. 자기 자신을 공격하는 '내면화 공격'에 해당한다. 대개 내성적이고 소극적인 착한 아이들이 말이 없어지면 착해진 것이라 생각하지 말고 욕구불만에 빠져 있다고 보면 좋다.

같은 방법으로 다음 예를 보자.

아내가 밍크코트를 사 달라 한다.

우리 형편에 무슨 밍크야 하면 "그래 말 한 번 해봤어 포기할게."철회

다음 주 : 여보 ○○백화점에서 모피코트 60% 세일한대!외적 철회

원수야! 넌 공부는 안하고 뭐하고 있니! 아내에게 밍크코트도 못 사주는 아빠같이 안 되려면 공부 열심히 해! 이러면 외면화 공격이 된다.

"내 주제에 무슨 밍크코트야 남편복 없으면 자식복도 없다는데…" 내면화 공격은 자학을 하는 것이다. 우리나라의 중년 주부는 반쯤 포기하고 산다 한다.

참고 살아 온 세월의 욕구 불만이 쌓여 참지 않으면 살기 힘들고 참지 못하는 사람들은 이혼을 선택하게 된다. 근자에는 황혼이혼도 늘어나는 편이다.

사람들은 욕구가 충족되지 못하면 누구나 불쾌감을 느낀다. 하지만

그 다음의 행동에 따라 인생의 성패가 좌우된다. 철회와 공격은 파국과 실패로 치닫는 방법이니 사용하지 않는 게 좋다.

내 사랑하는 사람이 철회와 공격을 할 때 발끈하여 맞대응을 하지 말고 '이 사람이 좌절행동을 하고 있구나. 무엇에 좌절했을까?'라고 이렇게 그 사람을 생각하고 배려하며 그 이면의 좌절된 욕구를 찾아 충족시켜 줄 필요가 있다.

우리가 신이 아닌 이상 매번 그렇게 하기 힘들겠지만 자신이 조금만 더 신경을 쓰면 그 사람이 생을 망치고 나를 포기하는 결과는 피할 수 있다. 사람에 대한 포기는 실망이 누적되었을 때 생기고, 감동은 그 누적된 실망의 한 모서리를 허물기 때문이다. 모서리가 허물어진 포기는 쉽게 무너지고 그 자리에 믿음의 주춧돌이 놓이게 된다.

몇몇 의지가 강한 사람들에게는 좌절이 성공의 동력이 되지만 대부분의 사람에게는 상처가 된다. 공격과 철회가 일상화된 사회는 불만사회이다. 우리는 심한 욕구불만을 표현할 때 '욕 나온다'고 한다. 요즘 초등학교 아이들도 욕이 일상화되고 있다. 아이들이 사용하는 욕을 듣고서 우리 사회가 불만 사회로 이행되고 갈등이 일상화되고 있다는 생각을 해본다.

갈등의 이면에는 욕망이 있고 갈등이 진행될 때는 방어기제가 작동하며 방어기제는 중립적, 부정적, 생산적인 것 3가지가 있다.
바람직한 방어를 사용하면 갈등을 극복하여 성공적으로 만족스러운 삶을 살 수 있다. 사람들은 요구충족이 불가능해지면 좌절하게 되고 좌절을 하면 철회와 공격이라는 반응이 나온다. 이 반응을 관찰하여 그 사람이 좌절하고 있다는 것을 알 수 있다. 우리는 그가 좌절에서 극복할 수 있도록 도와야 한다. 현실적 도움이 못 되면 함께 아파하고 위로해야 한다.

4_ 갈등의 메커니즘

1. 갈등은 어디서 왔다가 어떻게 진행되며 어떤 결말을 맺는가?
- 갈등의 이면에는 욕망이 있다

2. 욕망충족이 걱정되면 나를 지키려는 방어기제가 작동한다
- 갈등이 진행되면 스트레스가 생기고 불편해진 자신의 마음을 평형상태로 돌리기 위한 시도가 심리적으로 진행된다

3. 중립적 방어기제, 나쁜 방어기제, 좋은 방어기제

1) 중립적 방어기제
  (1) 억압, 억제
  (2) 퇴행
  (3) 자기 희화화

2) 나쁜 방어기제 : 나를 위안해 주지만 나를 망치는 것들
  (1) 투사
  (2) 반동형성
  (3) 합리화
  (4) 부정·부인
  (5) 고립

3) 좋은 방어기제 : 동일시로 배운다
  (1) 동일시
  (2) 치환
  (3) 승화

4. 좌절과 스트레스

5. 좌절행동관리

1) 승진 좌절 : 깨어진 신뢰, 회사를 나가야 하나?
2) 좌절에 대한 대응 방법론

5

갈등관리의 유형과 갈등해결방법

우리는 갈등을 어떻게 관리하는가?

5장은 성격이 다른 두 영역을 한 장에 넣었다.

절반은 갈등관리 유형이고 절반은 갈등의 해결방법이다.

갈등관리 유형은 자신의 갈등관리 스타일을 진단하고 각 유형별 효과적인 상황을 알고 대응할 수 있게 하기 위하여

1. 갈등관리 설문체크
2. 내가 즐겨 쓰는 갈등관리 유형 3가지
3. 유형별 특징과 효과적 상황
4. 감정노동자의 갈등관리로 구성했고

갈등의 해결방법은

1. Card Feedback
2. 대면과 문제해결
3. 아이러니 토의를 통한 조직갈등해결법
4. 갈등관리를 위한 전략 5로 구성했다.

개인적으로 유형론은 별로 좋은 접근은 아니라고 생각한다. 왜냐하면 설문체크를 통해 자신이 어떤 유형이라 정해지면 그 유형에 모든 것을 맞추려고 하기 때문이다. 대표적인 것이 혈액형의 편견이다. 다양한 시각과 사고로 사물과 현상을 봐야 하는데 규격을 정하여 좁게 보는 우를 범할 수 있다.

갈등의 해결방법은 매우 효과적인 방법이다.

자주 사용하여 몸에 붙이면 갈등의 조정자로서 자기의 위상을 높일 수 있다.

갈 등 관 리
chapter 1

갈등관리의 유형

• 갈등관리 유형 설문지 체크

나는 어떤 유형을 즐겨 사용하는지 설문지를 체크하며 확인해 보자. 사용하는 설문지는 갈등관리의 유형에 관한 설문으로 가장 널리 쓰이는 토마스 킬만의 갈등관리 유형에 대한 설문지이다.

설문응답 방법은 여러분이 바라는 바와 상대방이 바라는 바가 서로 다른, 어긋나는 갈등상황을 생각해 본 후, 그러한 상황에 나는 대개 어떻게 반응하는지 체크하는 것이다. 그러한 상황에서 가능한 행동적 반응 양식들을 설명하는 여러 쌍의 문장들이 다음 페이지에 나오고 있다. 자신의 행동을 가장 특징적으로 나타내 주는 문장A 혹은 B에 동그라미로 표시한다.

A문항이나 B문항 어느 것도 당신의 행동을 잘 나타내 주지 못하는 경우도 있겠지만, 상대적으로 비교적 더 많이 나타나는 문항을 선택해 보자. 각 항목을 선택과 동시에 말미의 답지에 동그라미로 표시하고 각 유형의 개수를 세어 답지 하단에 기입한다.

각 문항을 읽고 A 혹은 B를 선택한다.

1. ○ A : 가끔 나는 문제해결의 책임을 상대방이 지도록 내버려 두곤 한다.
   ○ B : 서로가 동의하지 않는 일들에 대해 협상하기보다, 나는 서로 동의하는 일들에 대해서 강조한다.

2. ○ A : 나는 타협적인 해결책을 모색하여 본다.
   ○ B : 나는 상대방과 나의 관심사를 모두 충족시키려고 시도한다.

3. ○ A : 나는 대체로 내 목적을 달성하기 위해 끝까지 밀고 나간다.
   ○ B : 나는 아마 상대방의 감정을 상하지 않게 하고 서로 간의 관계를 유지하려고 노력할 것이다.

4. ○ A : 나는 타협적인 해결책을 모색하여 본다.
   ○ B : 나는 때때로 상대방이 바라는 바를 위해서 내 자신이 바라는 바를 희생한다.

5. ○ A : 나는 해결책을 찾아내기 위해서 끊임없이 상대방의 도움을 요청한다.
   ○ B : 나는 불필요한 긴장상태를 피하려고 한다.

6. ○ A : 나는 나에게 불편한 자리는 회피하려고 한다.
   ○ B : 나는 내 직위를 확보하려고 애쓴다.

7. ○ A : 나는 어떤 문제에 대해서 충분히 숙고할 시간이 있을 때까지 그것을 미루어 두려고 한다.
   ○ B : 나는 어떤 점을 얻는 대가로서 다른 점을 포기한다.

8. ○ A : 나는 대체로 내 목적을 추구함에 있어 남에게 양보하지 않는 편이다.
   ○ B : 나는 모든 관심사와 문제들을 곧바로 터놓고 이야기하려고 시도한다.

9. ○ A : 나는 서로 간의 견해차이에 대해서 고민할 가치가 없다고 느낀다.
   ○ B : 나는 내 방식대로 일을 처리하기 위해서 어느 정도 노력을 한다.

10. ○ A : 나는 대체로 내 목적을 달성하기 위해 끝까지 밀고 나간다.
    ○ B : 나는 타협적인 해결책을 모색하여 본다.

11. ○ A : 나는 모든 관심사와 문제들을 곧바로 터놓고 이야기하려고 시도한다.
    ○ B : 나는 아마 상대방의 감정을 상하지 않게 하고 서로 간의 관계를 유지하려고 노력할 것이다.

12. ○ A : 나는 때때로 논쟁을 야기하게 되는 입장을 취하게 되는 일을 피한다.
    ○ B : 나는 만약에 상대방이 나의 입장을 어느 정도 존중해 준다면 나도 그 사람이 자신의 입장을 어느 정도 견지하도록 허용할 것이다.

13. ○ A : 나는 중간적인 입장을 제안한다.
    ○ B : 나는 내 의견을 관철시킨다.

14. ○ A : 나는 상대방에게도 내 생각을 말해주며 그 사람의 생각도 물어본다.
    ○ B : 나는 상대방에게 내 의견의 논리적 근거와 장점을 설명해 주려고 한다.

15. ○ A : 나는 아마 상대방의 감정을 상하지 않게 하고 서로 간의 관계를 유지하려고 노력할 것이다.
    ○ B : 나는 불필요한 긴장상태를 피하려고 한다.

16. ○ A : 나는 상대방의 감정을 상하지 않게 하려고 한다.
○ B : 나는 상대방에게 내 입장의 장점을 설득시키려고 한다.

17. ○ A : 나는 대체로 내 목적을 달성하기 위해 끝까지 밀고 나간다.
○ B : 나는 불필요한 긴장상태를 피하려고 한다.

18. ○ A : 나는 만약 상대방이 자신의 관점을 견지하는 데서 기쁨을 느낀다면, 그렇게 하도록 할 것이다.
○ B : 나는 만약에 상대방이 나의 입장을 어느 정도 존중해 준다면 나도 그 사람이 자신의 입장을 어느 정도 견지하도록 허용할 것이다.

19. ○ A : 나는 모든 관심사와 문제들을 곧바로 터놓고 이야기하려고 시도한다.
○ B : 나는 어떤 문제에 대해서 충분히 숙고할 시간이 있을 때까지 그것을 미루어 두려고 한다.

20. ○ A : 나는 서로 간의 차이를 해소시키려고 시도한다.
○ B : 나는 이해득실상 양자 모두에게 공정한 입장을 찾으려고 한다.

21. ○ A : 나는 협상해 나가는 과정에서, 상대방이 바라는 바를 배려해 주려고 한다.
○ B : 나는 항상 문제를 직접 놓고 토론하는 편이다.

22. ○ A : 나는 상대방의 입장과 나의 입장 간의 중간지점을 찾으려고 한다.
○ B : 나는 내가 하고 싶은 바를 주장한다.

23. ○ A : 나는 우리 모두가 바라는 바를 만족시키는 데 항상 관심을 가진다.
○ B : 가끔 나는 문제 해결의 책임을 상대방이 지도록 내버려 두곤 한다.

24. ○ A : 만약 상대방의 입장이 그 사람에게 아주 중요하다고 보이면, 나는 그가 하고 싶은 바를 만족시켜 주려 할 것이다.
○ B : 나는 상대방이 타협안에 만족해 하도록 할 것이다.

25. ○ A : 나는 상대방에게 내 의견의 논리적 근거와 장점을 설명해 주려고 한다.
○ B : 나는 협상해 나가는 과정에서, 상대방이 바라는 바를 배려해 주려고 한다.

26. ○ A : 나는 중간적인 입장을 제안한다.
○ B : 나는 항상 우리 모두가 바라는 바를 만족시키는 데 관심을 가진다.

27. ○ A : 나는 때때로 논쟁을 야기하게 되는 입장을 취하게 되는 일을 피한다.
○ B : 나는 만약 상대방이 자신의 관점을 견지하는 데서 기쁨을 느낀다면, 그렇게 하도록 할 것이다.

28. ○ A : 나는 대체로 내 목적을 달성하기 위해 끝까지 밀고 나간다.
○ B : 나는 해결책을 찾아내기 위해서 항상 상대방의 도움을 요청한다.

29. ○ A : 나는 중간적인 입장을 제안한다.
○ B : 나는 서로 간의 견해 차이에 대해서 고민할 가치가 없다고 느낀다.

30. ○ A : 나는 상대방의 감정을 상하지 않게 하려고 한다.
○ B : 나는 어떤 문제를 항상 상대방과 의논함으로써 우리가 그 문제를 해결할 수 있도록 한다.

설문지의 각 항목에 동그라미를 친 그대로 아래의 각 문자A 혹은 B에 동그라미를 친다. 맨 하단에는 각 동그라미 개수의 합을 적는다.

	경쟁 (강요)	**협력 (문제해결)**	**타협 (배분)**	**회피 (철회)**	**동조 (원만함)**
1				A	B
2		B	A		
3	A				B
4			A		B
5		A		B	
6	B			A	
7			B	A	
8	A	B			
9	B			A	
10	A		B		
11		A			B
12			B	A	
13	B		A		
14	B	A			
15				B	A
16	B				A
17	A			B	
18			B		A
19		A		B	
20		A	B		
21		B			A
22	B		A		
23		A		B	
24			B		A
25	A				B
26		B	A		
27				A	B
28	A	B			
29			A	B	
30		B			A
합계 경쟁 :	협력 :	타협 :	회피 :	동조 :	

• 내가 즐겨 쓰는 갈등관리 유형 TOP 3

설문지 체크 결과 합계가 많은 것을 1위부터 3위까지 적어보자.

1.

2.

3.

• 갈등관리 유형별 특징과 효과적 상황

갈등의 이면에는 욕망이 있다. 그 충족되지 않는 욕망 때문에 어떤 사람들은 좌절을 하고 어떤 사람들은 그 갈등을 성공의 에너지로 승화시켜 성공을 한다.

그 과정 중에 자신의 심리적 불안을 해소하기 위하여 자기를 지키는 방어기제를 사용하기도 하고 현실적인 문제해결을 하기도 한다.

어찌되었건 내가 지금 살아있다는 것은 어떤 식으로든 내 갈등을 관리하고 있다는 반증이다. 사람마다 다르지만 갈등을 관리하는 유형은 대개 '더러운 꼴 안 보고 살지 뭐'라고 행동하는 회피형과 '네가 죽든 내가 죽든 끝장을 보자'고 달려드는 경쟁형, '지는 게 이기는 것이다. 다 맞춰주마'라는 적응형, '이 세상 사는 게 별 거 있나' 둥글게 둥글게 반쯤 챙기고 반은 양보하는 타협형, 마지막으로 '진정으로 갈등을 해결해 보자'고 허심탄회하게 마음을 열고 문제의 원인을 직시하고 지혜를 모아 해결하는 협력형의 5가지 형태를 취한다.

이 유형은 사람들의 과거의 성공체험, 철학 및 각성에 따라 선택이 달라지고 변해간다.

어떤 유형이 좋고 어떤 유형이 나쁘다고 단정하여 말하기란 어렵다. 왜냐하면 똑같은 유형을 사용한 사람들 중에서도 성공하는 사람과 실패로 인해 좌절하는 사람이 있기 때문이다. 우리가 갈등을 잘 관리하려면 각 유형이 효과적인 일반적인 상황을 정리한 자료를 참고할 수밖에 없다.

■ 회피형

먼저 회피형을 보자. 회피형의 특성은 명백히 보이는 갈등을 무시하고, 그것이 저절로 사라져 버리기를 기대하고 갈등이 드러나면 문제가 드러나지 않도록 우선 덮어두고 될 수 있는 대로 갈등이 표출되지 않도록 느리게 진행시키며 보안과 원칙을 강요한다.

이 회피형이 효과적인 상황은

1. 갈등이 사소한 것이거나 보다 중요한 일에 신경 써야 할 때. 갈등해결보다 일이 중요할 때, 아주 바쁠 때이다. 사람들도 일이 급한 줄 안다. 그러니 중대한 위기국면에서는 모든 갈등은 일단 들어간다.
2. 자기의 능력으로 갈등을 해결할 방법이 없을 때는 못 들은 척하는 것이 좋다. 괜히 해결해 주지도 못하면서 간섭하여 좋지 않은 결과가 나오면 난처해진다. 그래서 나는 나의 아내에게 친구나 친지들이 이혼할까 물어오면 "나는 모른다. 내 생각에는 이혼은 무조건 안 된다. 그냥 사는 게 좋지 않겠냐. 이 세상에 별 남자 없다. 이혼한 사람이 계속 이혼하게 된다"고 말하라고 아내에게 말한다. 만약 "이혼해! 그런 놈하고 어떻게 살아!" 이렇게 같이 흥분하고 이혼을 종용했다면 이혼하고 잘못되었을 경우 비 오는 밤마다 그 친구의 원망 전화를 받게 된다.
3. 어린아이들이 싸울 때는 힘이 없기 때문에 주위에 흉기만 없으면 갈등을 그대로 방치하는 것이 자신이 개입하는 것보다 스스로 싸움을 시작하고 끝내는 과정에서 배우는 게 많다.
4. 데모도 진압이 강력하면 대응이 더 강해진다. 사람들로 하여금 스

스로 냉정을 되찾아 문제를 보는 객관적 시각을 찾을 수 있도록 해야 할 때, 스스로 이래서는 안 되겠구나 하는 생각이 들 수 있도록 방치하는 것이 더 효과적이다. 술이 많이 취한 친구에게 자꾸 그만 먹어라 하면 반동형성으로 더 많이 마시게 된다. 그때는 빠른 시간에 많이 달라는 대로 주는 것이 효과적이며 빨리 집에 갈 수 있다.

5. 아이들이 갈등 상황에 있으면 서로 잘못을 고자질한다. 그 정보를 듣다 보면 우리가 몰랐던 중요한 상황을 알 수 있다. 중요한 의사결정을 할 때 즉각적인 의사결정에 앞서 더 많은 정보의 수집이 필요한 경우 의도적으로 갈등을 만들고 방치하면서 정보를 수집하고 해법을 만들 수 있다.
6. 갈등의 당사자가 전문가이거나 성숙한 사람들일 때 그들 스스로 해결할 수 있게 하는 것, 즉 자기보다 갈등 당사자들이 갈등을 더욱 효과적으로 해결할 수 있을 때 우리는 못 본 척하는 게 상책이다.
7. 현재의 갈등의 이슈들이 자기와 관련이 없는 것들이거나, 나중에 닥칠 더 중요한 다른 이슈들에 대한 징후에 불과할 경우 미리 대처하여 힘을 뺄 필요가 없을 때이다.

대략 이렇게 정리된다. 내가 화장실에 있는데 직원들이 내가 안에 있는 줄 모르고 내 험담을 한다면 회피하는 것이 맞다. 없는 데서는 나라님도 욕한다는 말이 있지 않은가?

■ 경쟁형

경쟁형의 특징은 이기고 지는 상황을 만들고 어떤 수를 써서라도 투쟁하여 상대에게 굴복을 강요하고 끝장을 본다. 주로 서양의 갈등 해결자가 선호하는 방식이다.

경쟁이 효과적인 상황은

1. 전쟁이나 비상상황에서 신속하고 결정적인 행위가 극히 중요할 때 신속히 상대를 제압해야 한다.
   - 이를테면, 긴급상황, 또는 위기상황일 때 의견이 갈리면 신속한 조치가 힘들어진다. 그때는 반대자를 힘으로 제압해야 한다. 리더의 판단과 결단력이 필요한 상황이다.
2. 부하들이나 이해 관계자들에게 환영받지 못할 행위를 시행해야 할 때 의견을 묻거나 질문을 받으면 안 된다.
   - 원가절감이나 인기 없는 규칙, 규율의 강제적 시행 등
3. 당신이 옳다고 확신할 수 있으며 회사의 사운이 걸린 중요한 이슈일 때 결과로 자신이 옳았음을 보여줄 수 있을 때이다. "모든 결과는 내가 책임진다. 신속히 시킨 대로 하고 보고해라!"
4. 여기저기 기웃거리며 아무 것도 하지 않는 상황에서 확실히 자신의 입장을 밝히지 않고 어부지리를 취하려 하고 있는 사람들에 대항하기 위한 경우이다.

이런 경쟁형은 언뜻 보기엔 매우 효과적이긴 하지만 처리 후 앙금이 남는다. 그래서 긴급상황이 끝나면 반대자에 의한 숙청이 진행되기도 한다.

■ 적응형

적응형의 특징은 상대에게 양보하고 다툼이 있을 때는 승복하고 순종한다. 절대적으로 큰 권력을 가진 자는 이런 유형의 사람을 좋아하고 독재가 강력할 때 사람들은 숨죽이고 적응할 도리밖에 없다. 반대로 자기가 큰 힘을 가진 사람이 이 유형을 사용하면 많은 사람으로부터 추앙받게 된다.

적응이 효과적인 상황은

1. 자신이 틀렸다는 것을 발견했을 때 다른 사람의 의견이 옳다고 인정하고 따라 하면 계속 보다 나은 의견이 수용되고, 당신의 합리적인 태도를 내보일 수 있도록 해야 할 경우에는 다른 사람을 인정하고 그를 칭찬하고 포상한다.
2. 나에게는 해도 그만 안 해도 그만이지만 상대방에는 생사의 문제라면 다른 사람들을 만족시키고, 협동적인 관계를 유지시키기 위해서 그 사람들의 요구를 들어주는 것이 좋다. 그러면 그들은 반드시 보답하게 되어 있다.
3. 나중에 일어날지도 모르는 비상사태에 대비하기 위해 사회적인 신임을 돈독히 하기 위한 경우 사람들에게 인기를 끌어두는 것이 좋다.
4. 상황이 당신이 패배할 수 밖에 없을 정도로 상대가 강하고 적대적일 때 상대의 요구를 받아들여야 한다. 미국의 무기 사찰을 받아들이지 않은 사담 후세인은 자기도 죽고 자기 조국도 혼란상태에 빠지게 하고 세계정세도 어지럽혀 놓은 결과를 초래했다. 만약 미국이 무기사찰을 받아라 할 때 받고 또 무리한 요구를 해도 들어 주었는데 미국이 공격할 수 있었을까? 국제여론에 밀려 하

지 못했을 것이다. 명백히 손해를 볼 것이 예상될 경우 그 손해를 최소화하려 할 때 우리는 적응해야 한다.

5. 취임 초기나 설립 초기 같이 조직 상황에서 조화와 안정이 특별히 중요할 경우 각계각층 사람들의 의견을 들어주어야 한다. 그래서 대통령 취임식에는 각계각층의 대표들이 초청된다.
6. 손해가 그리 크지 않을 때, 부하들로 하여금 시행착오를 통한 학습에 의해 자기개발을 유도할 경우 의견을 들어주고 그대로 해보게 하고 실패를 맛보게 한다.

■ 타협형

타협형의 특성은 협상원칙에 의거하여 줄 것은 주고, 받을 것은 받는 식의 거래나 교환에 대한 기대를 충족하고 쌍방이 만족스럽게 받아들일 수 있는 대안을 제시하는 것이다.

타협이 효과적인 상황은

1. 목표달성이 중요하긴 한데 자기가 혼자 노력해서 될 수 없을 때
2. 비슷한 힘을 가진 적대 세력들이 서로 배타적인 목적을 추구하려 서로 양보하지 않을 때
3. 아직 정보가 부족하여 결론을 내리지 못하는 복잡한 이슈들에 대해 일시적인 해결책을 모색하려 할 때
4. 시간적인 촉박함으로 인해 우선 편리한 방안을 강구하려 할 때
5. 협력이나 경쟁이 성공적이지 못할 때 하나의 잠정적인 대안으로서 타협을 사용한다.

이 타협은 힘이 팽팽할 때 긴장을 해소하고 한쪽으로 치우치지 않으므로 실제 갈등관리에서 가장 많이 사용하는 방법이다. 가격갈등에서 중간값을 취하는 것이 합리적으로 보인다. 100만 원 주세요. 90만 원이면 살게요. 좋아요. 그럼 95만 원에 합시다. 이런 식이다. 이런 방식에 사람들은 만족하기 때문에 Anchoring Effect를 이용하여 만약 90만 원에 사고 싶다면 상대가 100만 원을 부르면 나는 80만 원을 불러야 한다.

■ 협력형

마지막으로 협력은 이상적인 방법으로 실제로는 사용하기 힘든 방법이다.

협력형의 특징은 진정으로 문제를 해결하려고 서로의 차이점을 인정하고, 생각과 정보를 공유하고 갈등을 가진 두 당사자 쌍방에게 좋은 통합적인 해결책을 강구하는 것이다.

협력이 효과적인 상황은

1. 양측의 관심사가 너무나 중요하여 흥정이나 양보로 타협될 수 없을 때, 그러나 해결책을 쌍방 모두 찾으려고 할 때 갈등 당사자의 욕망을 동시에 만족시키는 통합적인 해결책을 강구하기 위하여 쓰는 것이다. 이것은 목표가 다른 갈등의 해결책과도 일맥상통하다.
2. 당신의 목적이 이익을 취하거나 경쟁적으로 많이 가지기를 위한 것이 아니라 갈등을 통해 배우기 위한 것일 때, 즉 학술토론회나 세미나의 까다로운 질문을 하는 것을 연상하면 된다. 이때 까다롭고 발표자를 당혹하게 만드는 질문은 배우기 위한 선의적인 것이다.
3. 각자가 다양한 지식과 경험을 가진 사람들이 갈등의 이해 당사자가 되면 상이한 관점을 가진 여러 사람들의 독창적인 요구를 듣고 그

요구를 충족시킬 방법을 찾도록 사고를 결합시키고자 할 때이다.

4. 토론을 통해 전문가 쌍방이 자신이 아는 모든 것을 나누고 갈등을 해결하기 위해 몰입과 기여를 얻어내려 할 때이다.
5. 남의 일이 아니라 자기 일이라는 느낌을 갖고 일하고자 할 경우 SK에서는 이것을 Physical engagement를 넘어 Mental engagement 한다고 말한다.

대개 워크숍을 해보면 우리나라의 경우 갈등에 정면으로 직면해서 이기고 지는 경우를 만드는 경우는 드물다. 그래서 경쟁보다는 타협과 동조가 많이 나오고, 실제 바쁘고 힘든 조직에선 회피가 선택된다.

• 감정노동자의 갈등관리

나도 내 갈등을 관리하지 못하고 스트레스에 시달리고 있는데 타인의 경우에 신경 쓸 겨를이 없다는 것이 대부분 사람들의 견해이다. 그래서 박봉과 열악한 근로조건에서 근무하는 사람들일수록 갈등에 빠지기 쉽고, 그들의 갈등이 사회 전반에 미치는 좋지 않은 영향도 크다.

최근에는 CS를 강조하고 모든 걸 즉각 평가하고 피드백하는 체계를 갖추기 때문에 감정노동자들의 갈등이 큰 사회 이슈가 되고 있다. 조직도 감정노동자들의 정신적 건강과 갈등관리를 위해 투자를 해야 한다. 교대근무제를 통하여 강도 높은 감정노동에서 휴게할 시간을 주고 부담 없이 상담할 수 있는 제도와 장치를 마련해야 한다.

또한 사회적 합의를 통해 고의로 클레임을 제공하고 보상을 요구하는 블랙컨슈머들에 대한 지탄과 제재를 하여 감정노동자들의 갈등을 관리해야 한다는 게 요즘의 추세이다.

공급과잉이 되면서 소비자만족CS : Customer's Satisfaction이 생존전략으로 유행하게 되자 NCSI라 하여 국가소비자만족지수라는 것을 만들어 측정하게 하고 대상도 주는 행사를 한다.

그렇게 하니 일선 고객을 응대하는 일을 하는 사람들, CS에서는 여기를 MOTMoment Of Truth/ 투우를 할 때 소의 목에 칼을 꽂는 순간. 이때 잘못하면 투우사가 위험하게 된다라 칭하고 고객접점관리를 만들었다. 이들의 서비스에 대한 고객의 만족도를 서비스 직후나 일정 기간 지나 묻고 체크하게 만들었다.

자기의 이해관계만 없다면 대개 모든 일에 관대한 우리나라 특성 때문에 이 지수는 평균이 매우 올라간 상태이다. 그래서 조금이라도 낮은 점수를 받은 직원은 마치 죄인처럼 되어버린다. 그러니 체크를 당하는 A/S센터의 직원은 노골적으로 5점 만점에 5점을 요구하거나 10점 만점에 10점을 부탁한다. 그래서 이 점수의 차이는 매우 미미하다.

이는 문제사원 한 사람을 찾아 해결하려고 하는 것이 아니고 직원 모두를 긴장하게 만들려는 전략이다. 그러니 일하느라 피곤하고 고객 눈치도 살피고 자신의 평균지수 피드백도 관리해야 하니 이것도 감정노동이 되어버렸다.

갈수록 회사는 상대적으로 약한 일선현장 사람을 들볶고 갈등을 증폭시키고 있다.

사람들이 갈등을 관리하는 유형은 크게 5가지로 나뉜다. 자신이 주도하는 것을 경쟁, 타인에게 맞춰주는 것을 적응, 자기도 타인도 절반씩 만족하는 것을 타협, 모두를 만족시키지 않는 것을 회피, 모두를 만족시키는 것을 협력이라 하고 각 유형별로 효과적인 상황이 있다.
이 유형론의 장점은 관리 방법을 전체적 관점에서 볼 수 있고 스타일에 따른 대응방법을 찾기에 용이하지만 유형을 체크한 후로는 그 유형을 너무 인식한 나머지 자신의 다양성은 생각하지 않고 자기를 그 틀에 넣으려는 경향이 있다. 이것을 조심해야 한다.

갈등해결방법

• Card Feedback

자신과 가장 많이 싸우는 사람이 누구일까? 곰곰이 생각해 보라!

그 답은 사람마다 다르겠지만 배우자다. 배우자가 가장 만만하고 편하기 때문이다. 그렇기 때문에 다른 사람이었다면 공격하지 않았을 사소한 일에도 쉽게 비난하고 공격을 가하는 경우가 많다. 하지만 사실 부부는 자기가 아무리 잘못해도 공격하지 않을 것이라는 믿음이 있어 '방어기제'를 작동하지 않은 채로 민낯으로 대한 것이다. 그럼 '믿음이 부부싸움을 만든다'는 이상한 명제를 만든다.

부부싸움의 빈도를 체크해 보면 신혼 초 연애결혼을 한 사람은 빈도가 높다. 연애는 꿈이고 결혼은 현실이기 때문이다. 꿈에서 깨어 엘라신데렐라로 돌아간 아내와 백마에서 내려와 지게를 지는 나무꾼이 된 남편은 서로 변했다고 싸운다. 반면 중매나 소개팅으로 만난 사이는 아직 상대의 파악이 덜 끝났기에 조심하고 있다.

중년으로 가면 알 것 다 알게 되고 볼 것 다 보게 되었기에 싸움의 빈도는 높아진다. 여기서 두 갈래 길이 있다. 빈도가 점점 더 늘어나 스트레스가 극에 달해 포기하거나 갈라서는 사람들이 한 길이고, 또 다른 길은 싸우면서 서로를 이해하고 측은지심이 높아지는 경우이다. 이 길을 가는 사람들의 믿음은 점점 더 깊어진다. "저 불쌍한 중생, 내가 거두지 않으면 누가 거둘꼬?"

장년으로 가면 싸움의 횟수는 급격히 줄어든다. 시작도 알고 끝도 알기 때문이다. 이 시기는 축적된 잘못과 응결 농축된 섭섭함의 크기로 싸움의 승패는 결정된다. "아내에게 지는 게 이기는 겁니다"라고 말하면 아내의 희생이 컸다는 것이고 "늘그막에 남편에게 잡혀 삽니다"라고 말하면 반대의 경우다.

갈등을 해결하는 데 있어 한층 진보적인 이 방법은 당신과 당신의 배우자가 상대방의 견해, 관점을 명확히 이해하는 것이 중요하다. 이러한 종류의 감정이입은 의외로 유용하고 생산적인 타협을 이끌어 낼 수 있다. 이러한 방법을 편리하게 적용시킨 것으로 Card Feedback이라는, 나와 상대의 생각을 교환하는 독서카드를 만드는 방법이 있다. 그 작성 방법은 다음과 같다.

① 당신의 주장을 독서카드 1장에 적는다. ② 다른 한 장에 당신이 생각하기에 배우자가 할 것 같은 주장이란 제목을 달고 그것을 생각해 적는다. ③ 배우자도 당신과 똑같은 독서카드를 만든다. ④ 그런 다음 작성한 카드를 서로 바꿔 보는 것이다. ⑤ 그 생각들이 서로 교환된 다음에 다음의 예와 같은 토론때로는 격렬한 논쟁을 시작하는 것이다.

(1) 아내가 작성한 카드

나의 생각 : 아이들의 장래는 부모의 관심과 교육에 의해 결정된다. 무리를 해서라도 기초부터 착실히 과외를 시켜야 한다.

(2) 아내가 생각하는 남편의 주장

할 놈은 하지 말라 해도 한다. 공부는 하고 싶어야 한다. 공부 잘한다고 잘 사는 세상은 지났다. 아이가 하고 싶은 대로 하게 하자.

(3) 남편이 작성한 카드

나의 생각 : 과외는 부족한 부분, 그것도 아이가 해달라고 하는 과목만 하고 적성을 개발해서 그 적성에 투자해야 아이가 행복하게 살 수 있다.

(4) 남편이 생각하는 아내의 주장

아이를 몰아세워서라도 일등으로 만들자. 조기 영어유학을 보내 세계적 식견을 가진 사람으로 키우자.

이 카드 피드백을 사용하여 회사에서도 서로의 견해를 나누어 해결하는 사례를 보기로 하자.

지각을 자주하는 김 대리가 사장의 눈 밖에 났다. 업무는 그런대로 잘 하는데 사장이 생명처럼 소중하게 여기는 근태를 잘 못하는 것이다. 김 대리는 일만 잘하면 되지 밤늦게 일하고 바이어 접대하고 늦게 집에 가다 보면 다음 날 늦을 수도 있는데 지나치게 간섭한다고 불만을 품고 있다. 이들의 경우를 카드 피드백으로 표시해 보면 다음과 같다.

〈시간엄수에 관한 갈등과 관련하여 김 대리와 사장 사이의 생각을 교환하기 위한 목록〉

김 대리(김 대리가 작성한 카드)	
나의 주장	내가 생각하는 사장의 주장
① 나는 대체로 제시간에 출근한다. ② 나는 이 도심의 반대편에 살고 있다. ③ 이 도시에서 대중교통수단은 믿을 만한 것이 못 된다.	① 나는 도무지 믿을 만한 사람이 아니다. ② 나는 사무실에서 너무 먼 곳에 살고 있다. ③ 나는 제시간에 도착할 수 있는 마지막 버스를 탄다.

사장(사장이 작성한 카드)	
나의 주장	내가 생각하는 김 대리의 주장
① 당신은 너무 자주 지각을 한다. ② 당신이 일에 대해 좀 더 신경을 쓴다면 사무실에서 가까운 곳으로 집을 옮기는 것을 고려해야만 했다. ③ 당신이 좀 더 일찍 일어난다면 좀 더 일찍 버스를 탈 수 있을 것이다.	① 나는 사무실의 대부분의 사람만큼 시간을 준수한다. ② 내가 생각하기에 당신은 나의 교통문제를 대수롭지 않게 여기고 있다. ③ 나는 제시간에 출근하기 위해 무척 노력한다. 때때로 내가 지각하는 것은 나의 잘못이 아니다.

이 카드를 서로 교환해 보고 서로의 입장을 확인한 다음 서로 동의하는 것부터 인정하기 시작하면 갈등은 쉽게 풀 수 있다.

"사장님 저도 회사 가까운 곳으로 이사 오고 싶습니다. 그런데 전셋값이 너무 비쌉니다. 회사에서 무이자 융자를 해주시면 언제라도 옮길 용의가 있습니다."

• 대면과 문제해결

● 맞닥뜨려 해결한다

갈등을 해결하는 데 있어서 가장 많이 권유되는 방법은 직접 대면해서 문제를 해결하는 것이다. 자기 속으로 앓고만 있어서는 갈등이 해결될 수 없다. 그러면 잘못된 방어기제를 사용하게 되어 파멸을 맞을 수 있다. 모든 것은 세월이 해결해 준다고들 하지만 갈등은 오래 지니고 있으면 병이 된다. '화병'이라는 것이 국제 의료계에 한국여성의 독특한 질병으로 정식으로 소개가 되었다 한다.

대면과 문제해결은 갈등과 문제해결의 진정한 근원을 체계적으로 확인하는 방법이다. 이러한 접근에서 대면할 때 자세와 마음가짐은 호전적이고 사납게 말하는 태도보다는 정중하고 재치 있는 것이어야 한다. 갈등을 해결하고자 하는 사람들은 누구나 상대편과 조화로운 동반관계를 유지하고자 하기 때문에 사리에 맞고 분별력 있는 이성적인 태도를 가지는 것이 특히 중요하다.

직접 대면해서 문제를 해결하는 갈등해결 방법은 다음의 6단계를 거쳐야 한다.

1단계 : 인식 – 서로가 동일한 갈등이 있다는 것을 인식한다. 서로가 갈등이 있다는 것을 인식하고 동의하는 절차를 거친다.

2단계 : 대면에 대한 결정 – "그래! 부딪혀 보자!" 하고 생각한다.

3단계 : 만날 약속을 잡는다. – "김 대리, 시간 되면 우리 문제에 대해서 잠깐 얘기 좀 하면 어때?"

4단계 : 갈등의 원인에 대한 판정 – "내 생각엔 말이야…"

5단계 : 성과와 다음 단계에 대한 결정 – "서로 조금씩 양보하면서 지내자구!", "좋아. 그래 노력해 보자구."

6단계 : 이상의 것을 끝까지 지킨다Follow-through. – "혹시 내가 요즘에 실수한 거 없나?", "나야말로 약속한 대로 못 지키고 있는 건 없는지 모르겠네"

이렇게 하는 것이다.

대면을 통해 문제를 해결할 때는 다음과 같은 점을 주의해야 한다. 상대편이 당신에 대해 힘을 과시할 수 있는 위치에 있을 때는 특히, 관계에서 애매하게 얼버무리거나 하지 않고 명확하게 인식한 것을 말하고 서로가 해야 할 것을 예의 바르고 동등하게 상대가 인식할 수 있도록 하는 태도가 중요하다.

만약에 동일업종에서 똑같은 정도의 경험과 학력을 가지고 있는 당신의 동료가 당신보다 임금을 한 달에 ○○원 더 받고 있다는 사실을 알게 되었다고 가정해 보자. 당신은 이 이슈에 점잖게 대면하면서 당신의 사장과 이 문제에 대해 재치 있게 토론하고, 그리고 이러한 불공평이 시정되도록 요구해야 할 것이다. 당신이 할 수 있는 말은 다음과 같다.

"저는 저의 봉급책정과정에 어떠한 실수가 있는 게 아닌지 의심스럽습니다. 저와 함께 일하는 동료는 같은 일을 하는 나보다 한 달에 ○○원을 더 받고 있더군요."

이 방법은 한국에서는 매우 위험하다. 불이익을 받을 각오를 하고 하지 않으면 안 된다.

서양에서는 내부 고발자를 매우 영웅시한다. 그렇게 하지 않으면 내부 고발자가 생기지 않기 때문이다. A Few Goodman이란 영화를 보면 내부 고발자가 당하는 불이익은 매우 크다. 특히 한국에서의 내부 고발은 문화적으로 받아들여지기 매우 어렵다는 것도 염두에 두어야 한다. 자기가 내부 고발자가 되면 앞으로의 삶은 불이익을 받을 것이라는 것을 감수하고 시작해야 한다.

그러나 내가 공공기관 청렴교육에 들어가 보면 시스템과 측정방법은 서양의 방법론을 따라 하고 조직의 운용은 한국 방식대로 하니 그 괴리가 크다.

법정 교육으로 성희롱 방지와 공직자 청렴교육이 필수로 되어 있어 그 교육을 시행하는 것도 또 다른 갈등이 된다. 하지만 시스템과 현실이 맞지 않은 것이 유독 이뿐이랴. 모든 것을 올바르게 맞춰가고 그 과정에서 너무 과속하거나 과욕을 부리지 않는 것이 좋다고 생각한다.

• 아이러니 토의

● 아이러니를 이용한 갈등 토의

건물은 높아졌지만 인격은 더 작아졌고
고속도로는 넓어졌지만 시야는 더 좁아졌다.
소비는 많아졌지만 기쁨은 더 줄어들었고
집은 커졌지만 가족은 더 적어졌다.
생활은 편리해졌지만 시간은 더 부족하고
가진 것은 몇 배가 되었지만 소중한 가치는 줄어들었다.
학력은 높아졌지만 상식은 더 부족하고
지식은 높아졌지만 판단력은 더 모자란다.
전문가는 늘어났지만 문제는 더 많아졌고
약은 많아졌지만 건강은 더 나빠졌다.
돈을 버는 법은 배웠지만 나누는 법은 잊어버렸고
평균수명은 늘어났지만 시간 속에 삶의 의미를 넣는 법은 상실했다.
달에 갔다 왔지만 길을 건너가 이웃을 만나기는 더 힘들어졌고
우주를 향해 날아가지만 우리 안의 세계는 잃어버렸다.
공기정화기는 갖고 있지만 영혼은 오염되었고

원자는 쪼갤 수 있지만 편견은 부수지 못한다.
자유는 더 늘었지만 열정은 더 줄어들었고
세계평화를 이야기하지만 마음의 평화는 더 줄어들었다.

(2014년 반기문 유엔사무총장의 신년사 중에서)

정말 심금을 찌르는 아이러니이다. 우리가 추구하고 성취한 것들에 대하여 분명 반대급부는 있다. 그러나 그것들이 진정 우리가 원한 것이었는지는 생각해 볼 문제이다.

사람들의 요구를 따라 가는 것이 옳은 것인지 옳은 것을 따라 가야 하는 건지는 인간이 생각을 시작한 이래 계속되는 화두이다. 결과가 원치 않은 쪽으로 가는 것을 '에블린 효과'라 한다. 식구들이 함께 저녁을 어디서 먹을 것인지를 정할 때조차 서로의 의견이 갈린다. 사람들은 서로에게 양보를 하고 자기 생각을 고쳐먹게 되고 그 의사결정에 자기가 희생한다고 생각하며 아버지는 무려 50km 거리의 에블린으로 힘들게 운전을 하고 모두 말없이 저녁을 먹었다. 메뉴도 맛도 분위기도 없었다. 돌아오는 차 안에서 모두들 속으로 불평한다.

이런 음식 먹으러 왕복 100km를 달려왔다니…

우리는 아무도 원치 않는 희생을 한다. 회의 시간에 빨리 끝내기 위해 할 말이 있어도 꾹 참고, 잘 못 보이기 싫어 훨씬 좋은 대안이 있는데도 말하지 않고, 심지어 얼마지 않아 발생할 사고에 대해서 알고도 말하지 않는다.

윗사람들의 심기가 불편해서 말하지 못한다면 일은 엉망이 될 것이다. 우리는 관성적으로 일하고 있다. 언젠가는 시간을 내어 우리가 가는 방향이 일과 우리와 회사가 함께 원하던 방향인지 한 번쯤 점검해 볼 시간을 가져야 한다. 회사에서 하는 MT는 이런 주제를 다루어야 한다. 이 아이러니를 차용하여 우리 회사 우리 팀에서 벌어지는 아이러니를 적고 그것에 대해 소통하자. 대강 패러디해 보면 다음과 같이 될 것이다.

회사 건물은 높아졌지만 상사인격은 더 작아졌고
매출은 올라갔지만 사업분야는 더 좁아졌다.
월급은 많아졌지만 직무만족은 더 줄어들었고
조직은 커졌지만 동료는 더 적어졌다.
업무는 자동화되었지만 시간은 더 부족하고
전자결재는 일상화되었지만 의사결정은 더 늦어졌다.
신입 직원 스펙은 높아졌지만 사고능력은 더 부족하고
사내 전문가는 늘어났지만 문제는 더 많아졌고
조직문화 처방은 많아졌지만 조직문화는 더 나빠졌다.
일과 삶의 밸런스를 강조하지만 야근은 더 많아졌다.

대개 이런 아이러니를 자유토론으로 도출하는 것은 이 원인과 처방에 대해 서로 소통하고 건설적 갈등의 대안을 찾는 일의 좋은 연습 도구가 된다. 이것을 '아이러니 토론'이라 이름 붙인다.

우리 조직이나 가정에서 생기는 아이러니를 찾아내어 어떤 것이 옳은지 어떻게 하는 것이 좋은지 중지를 모아 갈등을 해소하는 회의를 하는 것도 좋다.

• 갈등관리를 위한 전략 5

실제적으로 갈등의 상대방과 갈등을 해결하기 위하여 실행할 전략에 대해 정리해 보자. 이것은 강의를 할 때 역할극을 하기 전에 알려주는 방법이다.

1. 협상을 할 것인지 조용히 있을 것인지를 결정하라!
2. 대화할 시간과 장소를 정해라!
3. 사람이 아닌 문제에 초점을 가져라!
4. 감정을 기술적으로 관리하라!
5. 쉬운 갈등으로부터 협상을 시작하라!

먼저 갈등을 그냥 둘 것인지 해결할 것인지를 결정한다. 이 결정을 위해서는 갈등의 관리 유형에서 효과적인 상황을 감안하고 결정하여야 한다. 또한 아직도 심리적으로 분이 덜 풀린 상태라면 시간을 더 기다리는 것이 좋다.

일단 갈등을 해소해야 한다고 필요성을 느낀다면 상대방의 의사도 중요하다. 나는 준비가 되었는데 상대가 준비가 안 되었다면 아무 소용이 없어진다. 상대를 관찰하고 분위기가 무르익었으면 제의를 하라.

상대방도 준비가 되었다면 대화할 시간과 장소를 정한다. 이때 지나치게 시끄러워 대화를 방해할 여지가 있거나 지나치게 번잡한 장소는 피하는 게 좋다. 시간은 사람들이 배가 차 느긋해지고 관대해지는 점심식사 후 오후 시간을 잡는 것이 좋다. 함께 중식을 하는 것은 피하는 게 좋다. 왜냐하면 불편한 관계에 있는 사람과 식사를 하면 탈이 나기 쉽기 때문이다. 대화를 시작하고 이어갈 때는 사실만 가지고 이야기하는 것이 좋다.

이런 사실이 있었다. 사실은 이러했다. 그런데 네가 이렇게 말하니 내 느낌은 이러했다. 식으로 말을 풀어간다. 문제에 초점을 맞추어야지 사람에 초점을 두는 인신공격은 판을 깨는 결과를 가져온다.

대화 도중에 내 감정을 상하게 하거나 맞지 않은 이야기를 하면 감정이 상한다. 이때 냉정을 잃으면 원점으로 돌아간다. 자신의 감정을 잘 관리해서 협상을 이루겠다는 목표에 집중해라. 이번 기회는 힘들게 만든 것이라는 것을 명심하고 다시 또 이런 기회를 만들기는 어렵다는 것을 알아야 한다.

한꺼번에 모든 점을 이루려 하지 말고 협상이 쉬운 것부터 해결해 나가는 것이 좋다. 쉬운 것부터 해결하고 쟁점이 생겨 길어지면 다음 번 약속을 잡는 것이 좋다.

대화과정에서 유머를 잃지 않는 것이 좋다. 유머는 뇌에 베타 엔도르핀 분비를 촉진하고 뇌 내 모르핀 분비를 증가시키며 기민성과 기억력을 높여주고 긴장감 또한 풀어준다.

5장에서는 갈등을 해결하는 전략과 방법에 대해 정리했다. 다분히 처세술의 성격이 짙어 나는 별로 좋아하지 않는다. 하지만 카드피드백이나 대면과 문제해결은 유용하게 쓸 수 있는 방법론이다. 내가 오프라인 교육에서 10여 년간 실습을 해 왔지만 불합리하거나 무리한 점은 발견하지 못했다.

5_ 갈등관리의 유형과 갈등해결방법

1. 갈등관리의 유형

1) 갈등관리 유형 설문지 체크
2) 내가 즐겨 쓰는 갈등관리 유형 TOP 3
3) 갈등관리 유형별 특징과 효과적 상황
   (1) 회피형 (2) 경쟁형
   (3) 동조형 (4) 타협형
   (5) 협력형
4) 감정노동자의 갈등관리

2. 갈등해결방법

1) Card Feedback
   (1) 아내가 작성한 카드
   (2) 아내가 생각하는 남편의 주장
   (3) 남편이 작성한 카드
   (4) 남편이 생각하는 아내의 주장
2) 대면과 문제해결
3) 아이러니 토의
4) 갈등관리를 위한 전략 5

6

갈등관리 Tips

6장은 우리보다 먼저 갈등을 겪고 해결한 사람들의 경험을 정리한 것이다. Best Practice라고 할 수 있다. 이것들은 그 사람들에게는 지혜지만 우리는 해보지 않았기에 지식이 된다. 이 지식을 사용하여 자기 나름의 Tip을 만들 수 있으면 좋겠다.

6장은 7꼭지로 엮었다.

1. 반대자를 무장해제시킨다.
2. 분노를 발산하라.
3. 기다림의 미학
4. 직장인의 갈등관리
5. 갈등, 협상, 커뮤니케이션의 관계
6. 어느 기러기 아빠의 죽음
7. 역지사지

6장을 끝으로 갈등관리에 대한 모든 것을 습득했다.

7장에서는 앞 장에서 학습한 것을 정리할 수 있는 문제를 제시하였다.

그 문제를 풀기 위해 앞장의 본문을 다시 읽어봐야 할 경우도 있다.

답은 수록하지 않았다. 자신이 정리하는 것이다.

반대자를 무장해제시킨다

• 포수도 품에 들어 온 새는 잡지 않는다

고등학교 때 A씨의 불량한 친구들이 가출했다. 출가가 아닌 가출은 그 시절 반항의 표현이었다. 그 부모들은 A씨를 찾아와 친구들을 찾아내라 했다. 한창 공부에 재미가 나 공부만 하는 A에게 가출한 친구들이 어디로 갔는지 행선지를 대라는 것은 참 난감한 일이었다.

A는 친구부모님에게 물어보았다. 돈은 좀 들고 나갔습니까? B의 어머니 금비녀 하나 들고 세 놈이 나갔단다. 대충 계산해 봐도 1주일을 버티기 힘든 경우라 A는 부모님들에게 말씀드렸다. 1주일 안에 들어올 겁니다. 너무 걱정 마십시오. 이렇게 말씀드리니 네가 어떻게 아냐 넌 알고 있지 바른대로 대라 했다. A는 합리적인 계산 근거를 대서 1주일을 버티지 못할 것이니 돌아 올 거라 계산해 드렸다. 아니나 다를까 1주일이 지나 가출한 친구들은 초췌한 몰골로 A를 찾아 왔다. 집에는 들어가야겠는데 '어떻게 들어갈지 걱정이다'라고 하였다.

A가 비법을 가르쳐 주마 했다. 무조건 들어가서 큰 절 드리고 "저

돌아왔습니다. 심려 끼쳐 죄송합니다" 이렇게 말하라. 그러면 너희 아버님은 분명 "네 발로 나간 놈이 들어오긴 왜 들어와! 여기가 네 마음대로 나갔다가 네 마음대로 돌아 올 수도 있는 집인 줄 아냐? 당장 나가라 이놈!" 이렇게 말씀하고 자리를 차고 나가실 거다. 그러면 넌 옆에서 네가 당하고 있던 것을 목격하고 눈물만 훔치고 있는 어머님을 붙잡고 조용히 눈물을 흘리며 이렇게 이야기해라. "아버지가 정 그렇게 말씀하시니 어쩔 수 없네요. 갈 데는 없지만 나가야겠네요. 엄마! 너무 배가 고파요. 갈 때 가더라도 밥 한 끼만 먹고 가게 해주시면 안 되겠습니까? 두 끼를 굶었어요." 이렇게 말하라 했다. 그 친구들은 모두 무사히 집에 들어갔다. 그 후 가출을 두 번 다시는 하지 않았다.

이것은 반대자를 무장해제시키는 것Disarm the opposition이라는 갈등관리 방법이다.

이 방법은 여러분과 갈등에 빠진 사람에게 강력하게 반격을 가하는 것보다 훨씬 효과적이다. 포수도 품에 들어 온 새는 잡지 않기 때문이다.

당신의 판매실적이 목표량의 25%밖에 안 돼서 당신의 상사가 무척이나 화가 난 상태라고 가정해 보자. 당신은 당신의 판매실적을 올리든지 아니면 회사를 그만두라는 최후통첩을 당할 만큼이나 상사가 화가 나 있을 거라는 사실을 알고 있다. 이러한 상황에 상사와 만난 자리에서 즉각적인 반격과 변명을 쏟아 붓는 것은 가장 나쁜 전술이다. 상사에게 판매실적이 왜 부진할 수밖에 없었는가 하는 이유 등을 죽 늘어놓음으로써 상황을 모면하려 해서는 안 된다. 대신에 다음과 같은 말로 당신은 상사를 무장해제시켜야 한다.

"팀장님 아마도 제 판매실적이 목표량의 25%를 밑도는 것에 대해 무척이나 화가 나셨을 겁니다. 물론 저로서도 저의 실적이 팀장님을 곤란하게 만든다는 것을 잘 압니다. 하지만 아마도 영업의 화신인 팀장님이라면 저의 판매상황을 개선할 수 있는 기발한 계획을 개발해서 저를 도와주실 수 있으리라 생각합니다. 이번 한 번만 도와주시면 은혜는 잊지 않겠습니다."

분노전략 : 화를 내고 분노를 발산시켜라 /피드백 비법

빌딩 관리인과 김 대리는 서로 원수처럼 지낸다. 관리인이 대걸레로 바닥을 닦다 말고 황당한 표정으로 김 대리를 바라보고 있고, 그 앞으로 흙투성이 신발을 신고 물이 뚝뚝 떨어지는 우산을 든 김 대리가 뻔뻔스러운 표정으로 지나간다. 다른 사람들은 실내화로 갈아 신고 걸어 들어가고 있다. 장소는 사무실 로비. 유독 김 대리만 로비에 들어서기 전에 신발을 벗지 않고, 우산도 든 상태였기 때문에, 결국 바닥에 진흙이 묻어 하루에 몇 번씩 청소를 해야 하는 것이다. 그러나 정작 미국에서 젊은 시절을 보낸 김 대리는 심각하게 미안함조차 못 느끼는 것 같아 보인다. 사무실로 가는 복도 입구는 눈 녹은 물과 김 대리의 발자국으로 엉망이 되어 있다. 사무실 입구 쪽에 앉은 김 대리를 향해 관리인이 대걸레를 흔들며 고래고래 소리친다.

"다시 한 번 더 바닥을 더럽히는 사람은 누구라도 팔과 무릎이 성하지 못하게 분질러 버릴 거다! 내가 그렇게 안 하는지 두고 봐라."

그 후로는 김 대리를 비롯하여 아무도 '규칙을 위반해 실내에서 신발을 신고 있는 행동'을 하지 않았다. 만약 이때 누구를 지적하여 비난을 하면 분위기가 살벌해져서 해결하기 힘들게 된다. 그렇다고 그냥 있으면 당연한 것이 되어 그 상태는 지속될 것이다. 그럴 때는 이 사례와 같이 화를 내는 것이다. 모두가 속으로 찔끔 놀랄 수 있도록.

우리는 벽보에 붙어있는 범죄자의 몽타주나 사진을 보면 혹시 내가 닮지 않았을까 우려하는 마음이 생긴다. 원죄의식. 그것을 이용하는 것이다. 이 방법은 불특정 다수에게 화를 냄으로써 다른 사람에게 경종을 울리는 것이다.

이것은 혼자 가사노동을 전담하는 주부도 유용하게 쓸 수 있다. 아이들은 어렸을 때부터 손끝 하나 까딱하지 않는 게 습관이 되어 도울 줄을 모른다. 누구를 원망하랴, 자기가 그렇게 키운 것을. 전 세계에서 식탁을 차릴 때 수저를 놓거나 음식을 나르지 않고 자리에 앉아 받아만 먹는 나라는 우리나라 밖에 없다. 그렇게 하는 게 당연시되었으므로 아무도 인식하지 못한다. 그럴 때 이 방법을 시도해 봄 직하다.

식사 후 아무도 그릇을 싱크대에 가져다주지 않고 몸만 쏙 빠져나간다면 아내는 이렇게 화를 내면 된다. "내일부터 밥 먹은 그릇을 싱크대에 넣지 않는 사람은 밥도 차려주지 않겠다. 이 집엔 일하는 사람 따로 있고 치우는 사람 따로 있나!" 그럼 식구들이 움직이기 시작한다. 그럼 다음에는 규칙을 정하는 것이다. 상차림을 도울 사람, 음식을 장만할 사람, 설거지와 음식물 쓰레기를 버릴 사람. 그러면 우리는 한 사람의 갈등을 해결해 주는 성숙한 사람이 된다.

만약 어머니가 화를 내지 않았다면 그 일은 당연히 어머니가 하는 일이라 여기고 모두 밥만 먹고 각자 자기일 하러 가고 말 것이다. 이렇듯 가끔 화를 내는 것도 갈등의 해결방법이 된다.

기다림의 미학 : 난 카타르시스를 느끼려 하는데 왜 자꾸 방해를 하는 것이냐?

• 갈등이 사라질 때를 기다리라

부부싸움을 하다 아내는 말이 막히면 울기 시작한다. 할 말이 궁해지니 꼴도 우습고 체면이 영 말이 아니니 창피하고 서러워서 운다. 그냥 져 줘도 되는데 바락바락 전의를 불태우는 남편을 믿고 산 세월이 한심해서 운다. 울다 보니 옛 생각도 나고 속절없이 나이든 청춘도 불쌍해서 운다. 그런데 옆에서 남편이 자꾸 "내가 잘못했다. 참아라. 용서해라" 한다. 한바탕 울고 나면 속이라도 시원해질 텐데 분위기 파악 못하는 저 화상은 그 기쁨마저 빼앗는다.

NHL, 북미프로하키리그 경기를 보면 바디체크를 한 선수와 당한 선수가 엉켜 싸우는 경우가 많다, 나는 삼 분 정도 두 선수의 싸움이 계속되는 동안 심판도, 다른 선수들도 개입하지 않는 것을 주목하게 되었다. 스스로 분을 삭일 때까지 기다리는 것이다.

노련한 심판은 이렇게 말한다. "만약에 그들을 너무 일찍부터 말린다면, 그들은 분명히 곧 다시 싸우게 될 것입니다. 그들을 떼어놓기 전에, 그들이 열기를 다 발산해서 가라앉히도록 하는 편이 낫지요."

아내가 울 때는 조용히 방문을 닫고 나와주는 게 예의다.

감정이 고조되면 논리는 설 자리가 없어진다. 감정이 지나가야 마침내 논리와 이성이 와서 앉을 여지가 있다. 감정이 고조되면 발산을 시켜야 한다. 오르막이 있으면 내리막이 있다. 우리 몸의 수분도 바다같이 무한하지 않다.

언젠가는 그칠 것이다. 평강공주가 아니라면.

우리는 감정을 읽어주는 데 너무 인색하다. 자신의 감정만 소중하게 내세우고 상대의 감정은 자신의 편리에 따라 떼었다 붙였다 한다.

초등학교 4학년인 아이가 놀이터에서 모래장난을 하고 집에 들어오니 향긋하고 맛있는 냄새가 집에 퍼져 있다. 엄마가 대게와 왕새우로 튀김을 하고 있는 것이다. 아이는 자기가 가장 좋아하는 새우튀김 냄새에 침이 넘어가고 정신을 잃을 정도로 먹고 싶은 감정이 올라갔다. 손은 모래범벅인 채로 "엄마 하나만!" 하고 보챈다. 엄마는 냉정하게 이야기한다. "손 씻고 와. 손 씻고 와야 준다. 아니면 나중에도 주지 않을 거다." 아이는 다시 조른다. 하나만!

"이 녀석 비위생적인 건 제 아비 닮아가지고… 안돼!" 아버지가 들어오다 들었다. "아니 난 왜 거기 붙이는 거야! 내가 무슨 위생관념이 없어? 그리고 아들은 엄마를 닮는데 재 얼굴을 봐. 당신 판박이지." 그날 이후 아들과 아버지는 새우튀김을 먹지 않았다. 그 아이는 자라서 새우 알레르기가 생겼다 한다.

현명한 주부는 이렇게 한다. 아이가 들어와 튀김을 달라면 일단 웃으면서 말한다. "먹고 싶지?", "손 뒤로 열중 쉬엇!", "입 앞으로 내밀어." 그러고 식힌 새우튀김 하나를 떼어주고 "손 씻고 오면 더 큰 것 줄게." 이렇게 하면 아이도 엄마도 행복해질 수 있는데 왜 우리는 갈등 상황을 만들고 토라지고 서로 비난하게 만드는가?

올라간 감정은 읽어주고 해결해 주자. 감정은 조용히 읽어주고 들어만 주어도 진정이 되는 속성을 가진다. 해결책이 없는 고민을 들어주면서 내가 무력감을 느낄 필요는 없다. 상대는 들어줄 사람이 필요한 것이다.

"옆집에 인케이스 쇼케이스라고 문이 네 개짜리 냉장고 샀더라." 아내는 자기가 본 신기한 냉장고에 대해 퇴근한 남편에게 말했다. 신기하고 좋았다. 그뿐이다. 본 것을 그대로 말한 것뿐인데 남편은 "우리 냉장고 산 지 5년밖에 안 됐어. 냉장고가 무슨 블라우스야? 유행 바뀌면 사게!" 대부분 이렇게 말한다. 그냥 말해본 것을 사 달라는 것으로 듣는 남편이 이상하다. 그냥 "그래 색상과 디자인은 어때? 그렇게 신기했어? 우리도 다음에 바꿀 때 그런 걸로 하자." 이렇게 말하면 된다. 우리 아내도 나에게 말한다. 당신과 이야기하면 가슴이 답답해진다고. 역시 아는 것을 실천하기는 어렵고 지식보다 습관이 더 무섭다.

갈 등 관 리
chapter 4

직장인의 갈등관리

• 직책별 갈등관리, 어떻게 해야 하나?

직장인에게 무엇이 가장 어렵냐고 물어보면 대부분 환경변화에 대처하는 것과, 같이 일하는 사람들과의 인간관계 이 두 가지를 말한다.

일에 대해서는 직장마다 업무처리 지침이 있고 위계에 따른 조직의 위임전결규정을 만들어 실수의 여지를 최소화하는 안정적인 일처리 시스템을 가지고 있다.

그런데 가끔 이 시스템의 안정을 해치는 사람들이 있다. 상위 직급자가 이렇다면 우리는 속칭 '돌아이'라 하고 하위 직급자가 그러면 우리는 '고문관'이라 한다.

상례를 벗어난 행동이나 지시, 요구 등을 할 때 주위 사람들은 갈등에 빠지게 된다.

심리학이론 중 '동조이론'이 있다. 사회적으로 조직을 유지하는 가장 기본적인 이론이다. 이 동조이론은 다른 사람들과 같이 행동하는 것이다. 남들이 다 소주 먹는데 나는 와인 아니면 안 먹는다고 와인을 시키면 따돌림을 받게 된다. 새벽 두 시 인적 없는 거리. 사람도 없고 차도 없는데 신호가 빨간불이다. 옆의 차는 모두 신호를 무시하고 가는데 내가 안 가면 내 뒤에 오는 차와 사고가 생길 수 있다.

광화문에 가면 Fall이란 술집이 있다. 음악이 격렬하게 나오면 사람들은 춤을 춘다. 비좁은 복도를 가로막고 춤추는 사람도 있고 자리에 앉아서 흔드는 사람도 있다. 그곳에서 돌부처처럼 앉아 있기도 힘들다. 차라리 나가는 것이 낫다.

동조이론. 이것은 사회적 약속이다. 파란 신호에 차가 가고 빨간불에 선다 라는 것은 세계 공통의 약속이다. 누군가가 그것을 어기면 질서가 무너지고 문제가 생기게 된다.

2014년 4월 5일 류현진 선수가 LA 다저스 선발로 경기를 하였다. 야시엘 푸이그 선수가 경기장에 지각을 했고 감독은 자숙의 의미로 엔트리에서 뺐다.

문제가 생기기 시작했다. 안 하던 포지션에 배치된 선수들은 낯설다. 연습도 안 한 선수가 투입되니 수비의 균형이 무너져 여기저기서 에러가 발생하여 1회에만 6실점을 하고 2회에 2실점을 하여 강판되었다.

푸이그가 사회적 동조를 깨버린 것이다. 메이저리거는 지각을 하면 안 된다. 물론 경기 시작 전에 도착은 했지만 사회적 약속을 깬 것이다. 그의 행동에 관해 어떻게 처리할 것인지 매팅리 감독은 고민을 했을 것이다. 규칙이 깨지면 팀워크도 깨진다는 생각에 출장을 시키지 않았던 것이다. 그러니 수비가 안 받쳐주니 투수도 힘들고 투수가 맞으니 수비도 불안하여 평소에는 안 하던 실수를 하고 경기를 망치고 만다.

동조행동은 직장인이 지켜야 하는 중요한 덕목이다. 어느 광고에서 모두가 '예!'라고 할 때 '아니요!' 할 수 있는 용기를 가지라는 카피가 있었는데 그러면 안 된다. 사람들을 따라 해야 하는 것이다. 그렇게 따라 하는 과정에서 조직문화가 형성되고 형성된 조직문화는 사람들의 동조행동을 유발시킨다.

푸이그는 신입사원이다. 신입사원은 조직의 문화에 될 수 있는 대로 빨리 적응해야 한다. 어떤 동조를 해야 할 것인가? 내가 어떤 행동을 할 때 사람들이 놀라는지 어떤 말은 해서는 안 되는지를 빨리 알아차려야 한다.

중견사원이 되면 중간에서 위에서 치이고 아래서 치이며 갈등의 허리가 된다. 이때 자신의 불만이 최고조가 된다. 이제 조직의 속성도 알 만큼 알았는데 불합리와 부조리는 눈에 보이지만 내 힘으로는 어쩔 수 없고 아래 직원들은 자신에게 무능하다 하고 예스맨이라 하며 놀리는 것 같다. 그래서 가장 이직을 많이 고려하는 시기이다. 나도 해마다 3월엔 회사를 그만두고 싶었다. 4월엔 절정을 이루었고 5월에는 급여인상과 급여 인상분이 한꺼번에 나오니 아내가 만류한다. 그러면 또 한 해가 지나간다.

나는 갈등이 없다면 이직하지 않을 것을 권고한다. 근로조건이 좋을지라도 새로 사람을 사귀고 자신을 조직 내에 부각시키는 것은 아주 힘든 일이다. 만약 전문적인 라이선스가 있는 전문가 집단이라면 이직은 할수록 조건은 좋아지고 자신의 명성도 올라간다. 그렇지 않고 제너럴 한 업무를 처리한다면 이직은 안 하는 것이 좋다는 것이 나의 의견이다.

차, 부장 급의 간부사원이 되면 갈등을 관리해야 하는 직책이다. 현재 업무의 성과를 챙기는 것은 물론이고 조직의 안정을 위해 갈등을 관찰하고 발견하고 원인을 진단하고 해결책을 강구해야 한다. 간부사원의 리더십은 대개 이 갈등의 관리능력으로 본다.

다저스 매팅리 감독의 케이스처럼 갈등상황이 발생했을 때 어떻게 처리해야 좋은 결과가 나올지를 연습하고 그 상황이 발생했을 때 올바르게 판단하고 실행해야 한다. 만약 게임이 중요하다면 일단 푸이그를 투입하여 그날 게임은 이긴다. 그리고 징계위를 열어 벌금이나 출전정지 등의 절차를 밟으면 된다. 하지만 4승 1패로 선두를 달리고 있었기에 푸이그를 경기에서 빼고 한 사람이 동조하지 못한 일탈행동의 결과가 무엇인지를 보여주고 선수들이 스스로 깨닫는 기회를 주는 것도 좋은 선택이다. 왜냐하면 게임은 계속 할 것이기 때문이다.

이 책을 읽는 독자 중에 물론 임원도 있을 것이다. 임원은 실적을 내는 사람으로 Executive라 부른다. 임원은 자신들은 임시직원이라 자조한다. 왜냐하면 실적이 좋지 않으면 해임되기 때문이다. 실적이 좋지 않아 해임되는 사람들은 자신이 재수가 없는 희생양이 되었다 생각하는 경우가 많다. 하지만 실적만 나쁘다고 해임되지는 않는다. 평소 그가 탄탄한 조직관리, 즉 담당 조직의 갈등관리를 잘하여 조직이 탄탄하다면 비록 비즈니스 환경이 좋지 않아 실적이 나지 않았더라도 그를 해임할 수는 없을 것이다. 왜냐하면 환경은 항상 변화하는 것이고 좋은 시절이 왔을 때 그 찬스를 살릴 수 있는 역량을 그가 가지고 있기 때문이다. 그것이 신뢰이고 임원들의 힘이 된다.

기업의 환경이 바뀌면서 조직문화도 바뀌게 된다. 1960년대에는 군대가 사회에서 가장 효율적인 조직이었다. 내가 학교 다닐 때 선생님들의 주 일과는 학생들을 때리는 것이었다. 무조건 때렸다. 성적이 떨어졌다고 때리고, 시끄럽다고 때리고, 장난친다고 때리고 심지어는 자기가 기분이 안 좋다고 때렸다. 그런 분위기는 사회 전반으로 옮아갔다. 가정에서도 체벌을 하는 것이 예사였고 친구들 사이에서도 폭력이 있었다. 이때 모든 사람들은 무지몽매하여 때려서 동조행동을 시키는, 폭력에 의한 동조를 하는 첫 번째 단계였다. 폭력에 의해 사회가 길들여져 가고 경제개발 5개년 계획에 따라 경제가 성장하였다. 그러니 국민들의 의식수준도 함께 올라가 이제 때리는 것이 통하지 않게 되고 때릴 필요도 없었다. 그때는 지도를 하였다. 학교에 지도부가 생기고 사회에는 어떤 길이 좋은 길이다 라고 선도하는 것이 좋다고 하여 갈 길을 제시하게 되었다. 2014년 현재는 무역규모 세계 7위 GDP 세계 15위의 경제강국이 되었다. 이제는 소통을 해야 할 때이다.

이제는 우리 모두 힘을 모아 길을 찾아야 한다. 모두가 힘을 가진 이해 당사자가 되어 자신의 의견을 기탄없이 말하고 모두의 의견을 모아 갈등을 해결하고 모든 사람이 경제적으로 풍요할 뿐 아니라 모든 사람이 인간으로서 존중받고 서로가 서로를 관심을 가지고 돌보아 새로운 목표에 도전해야 한다.

그러면 OECD 국가 중 자살률 세계 1위의 오명에서 벗어나게 될 것이다.

갈등·협상·커뮤니케이션의 관계

상대를 부정하면 갈등이 생기고 상대를 인정하면 협상이 시작된다. 아내가 나에게 음식물 쓰레기를 버려달라 한다. 그때 내가 "그건 여자가 할 일이지 양복 입고 나가는데 어떻게 음식물 쓰레기를 버려!"라고 거절한다면 아내는 좌절하고 아내와 나의 관계는 갈등관계가 될 것이다.

반면 "내가 버려줄게. 저녁엔 뭐 맛있는 것 해줄 거야?" 이렇게 말하면 협상이 이루어진다. 갈등이나 협상의 과정에서 언어적, 비언어적 커뮤니케이션이 일어난다.

우리나라가 개발도상국이던 시절엔 갈등의 시대였다. 사람들은 학교에서, 군대에서 맞았기 때문에 사나워졌고 밀리면 죽는다는 각오로 사람들과 갈등을 일으켰다.

요즘 왕비호로 유명한 개그맨 윤형빈 씨가 화제다. 이종격투기 선수로 데뷔한 것이다. 가만, 천천히 생각해 보자. 왜 이종격투기가 생기고 인기를 끌까? 답은 사람들이 평소에는 싸울 수 없기 때문이다.

내가 자랄 때는 온 동네가 이종격투기 장이었다. 학교의 옥상이나, 한적한 골목, 아이들이 다 보는 운동장에서 정정당당이란 구호를 외치고 맞짱을 뜨는 것을 흔히 볼 수 있었다. 그런데 선진국이 된 지금은 싸울 수 없다. 싸움에는 상당한 대가가 따른다. 싸우는 일행과 옆에 있기만 해도 공동폭행으로 형사처벌된다. 그러니 인간의 싸우고 싶은 욕망을 반영한 스포츠가 탄생한 것이다. 1970년대 권투선수 무하마드 알리와 레슬링 선수 안토니오 이노키의 세기의 대결이 이종격투기의 시작이라 보면 된다.

과거는 갈등이 일상화된 시기였고 지금은 협상을 해야 하는 시기이다. 하지만 우리가 이종격투기를 관전하는 것처럼 살아가다 보면 일상에서 소소한 갈등이 생기고 해결되거나 혹은 잠복하고 있다. 최근에는 교육에 의해 인권의식이 발달하여 집단민원이 빈발하고 집단갈등이 많아지고 있다. 집단갈등은 빈번히 일어나지만 그 해법에 대해서는 표준화된 것이 없다. 기껏해야 법과 원칙에 따라 처리하겠다는 으름장을 놓아 보지만 선거는 너무 자주 있고 표심은 잡아야 한다.

근대국가의 형성과정에서 국가의 존재이유는 '사유재산의 보호'이다. 무정부 상태가 되면 방화, 약탈이 일어난다. 힘이 센 사람들이 모든 것을 약탈하고 또 그 사람들이 약해지면 빼앗기는 약육강식의 악순환을 끊기 위해 국가와 질서를 만들었다. 그래서 국가가 해야 할 가장 큰 임무가 사유재산, 즉 개인의 이익의 보호인 것이다. 사람들은 자기의 이익이 침해되면 그것을 지키려 사납게 변한다.

이제 지식사회의 성숙으로 모든 사람이 강자가 되었다. 인터넷의 발전으로 모든 것을 쉽게 숨길 수 없고 찾으려면 못 찾을 정보가 없다. 개인의 사적 정보를 제외하고 모든 공적 정보는 공개를 원칙으로 한다. 그러니 부당한 처분을 받거나 불합리한 결정으로 재산의 불이익을 본 사람들은 모여서 집단갈등을 유발한다. 우리 집 옆에 혐오시설이 들어서는 것은 내 집값을 떨어뜨리는 것이기 때문에 반대한다. 그러면 어떻게 해야 하나? 답은 재산상의 손실을 보전하는 보상이나 배상을 해야 한다. 합법적인 행위라 해도 개인의 재산상의 권리를 침해한다면 보상해야 함은 당연한 이치이다. 그 과정에서 자주 만나 소통하고 서로의 입장을 확인하고 선례를 지키며 해법을 찾아야 한다.

저준위 방사능 쓰레기 폐기장 유치의 집단민원 사례는 그것을 명백히 보여주었다. 부안군수가 유치하려다 지역 주민들로부터 폭행을 당하는 사태까지 갔다. 다음으로 대규모 보상계획과 인센티브를 보장하니 군산과 경주가 서로 유치하겠다고 난리를 부려 지역주민 투표로 결정하기로 하고 투표 결과 경주로 결정되었다. 이 결과에 대해서도 군산시민들은 불만을 표시하였다. 지역 발전을 위한 좋은 기회를 놓쳐버렸다고 아쉬워했다.

집단민원은 이런 관점에서 접근하는 것이 맞는 것 같다. '국가백년대계를 위하여' 라는 명분만 가지고 개인의 사유재산권 침해는 어렵다. 밀양 송전선 설치 문제도 초기에 청문회를 열어 지역의 여론을 듣고 재산권 보호 차원에서 접근했어야 했다.

그런데 전력의 절대부족을 내세우고 블랙아웃의 위험성을 부각하며 당위론을 주장한 것은 갈등해결의 핀트를 잘못 맞춘 것 같다. 그러면 그 지역 주민을 희생양으로 만드는 것이나 다름없다. 집단갈등의 해결은 타이밍도 중요하다. 블랙아웃의 위험도가 최고조에 달하고 신문과 방송에서 연일 전력위기를 보도할 때 지역주민이 모두 만족할 보상대책을 가지고 협상에 임했다면 보다 쉽게 풀 수 있었을 것이라 생각한다. 주민들은 대의도 지키는 명분도 서고 현실적인 사유재산의 보호도 이루어 낼 수 있으니 반대할 까닭이 없을 것이다. 그런데 이런 근대국가형성의 유래를 무시한 국가와 한전은 예산이 책정되지 않았기 때문에, 예산이 없기 때문에 등의 구실을 대며 사태 해결을 더 힘들게 하고 있는 것이다. 예산은 그들의 규칙이지 '밀양 할매'들이 지켜야 하는 규칙은 아니다.

어느 기러기 아빠의 죽음

• 고독사

평생 공부만 한 내 친구가 있었다. 그가 잘하는 것은 공부밖에 없었다. 그는 열심히 공부를 해서 서울대학교 전자공학과를 졸업 후 미국으로 유학하여 박사학위를 받고 국내로 들어와 S여대의 컴퓨터공학과 교수로 재직하며 보람찬 나날을 이어갔다.

그런데 아이들이 공부를 너무 잘했다. 과학고를 들어갔고 그 아이들은 미국 유학 때 낳은 아이들이라 미국 시민권을 가지고 있었다. 미국에서 공부를 하면 학비가 들지 않는다는 좋은 조건을 무시할 수 없었던 그는 영문과 출신인 아내와 아이들을 미국 워싱턴주 시애틀로 보내고 기러기 생활을 시작했다. 공부 말고는 해본 것이 없는 그는 혼자 사는 데 적합하지 않았다. 겨우 배운 술 먹는 것으로 우리 동기들과 호프집에서 저녁 겸 맥주를 마시는 것이 전부였다. 술자리는 잦아졌고 그가 먼저 약속을 잡는 것이 다반사였다. 고등학교 3학년 때 같은 반 친구들이 모여 술자리를 이어갔고 다른 동창들도 자주 어울렸다.

그러던 어느 날 술을 먹으며 이야기하던 도중 내가 공부를 잘했다는 이야기가 나오자 그 친구는 우울하게 말했다. 자기는 평생 잠도 자지 않고 공부를 했고 성적도 나보다 좋았는데 정작 공부만 잘한 자기가 공부 잘한 것은 알아주지 않고 나만 공부를 잘했다 하니 섭섭하다고 말했다. 우리는 모두 웃었다. 정말 순진한 아이였다. 공부를 전혀 잘할 것 같지 않은 별난 내가 공부 잘한 것이 이상한 것이고 네가 공부 잘한 것은 당연한 것이라고 우리가 말해줬다. 그래도 그날 그는 많이 취해 우울해하고 있었다.

그로부터 1주일 후 우리는 그의 부음을 들었다. 미국에서 집으로 전화해도 연락이 되지 않아 아파트 문을 따고 들어갔는데 심장마비로 돌연사한 것이라 했고 그의 집 싱크대는 밥해 먹은 물기의 흔적이 없었고 집에는 유통기간 넘긴 컵라면만 있었다 한다. 우리는 비통했다. 너무 젊은 나이에 친구를 잃어 비통했고 기러기 생활을 할 수 없는 친구를 기러기로 살게 한 한국의 사회적 갈등구조가 슬펐다.

왜 우리나라는 국민들의 교육조차 제대로 못하고 뛰어난 어린 학생들을 미국으로 보내야만 할까? 기러기도 자기를 챙겨 먹여 살릴 줄 아는 사람이 해야 하는데 백면서생인 내 친구는 그런 위인이 못 되었다. 지금은 두 아들 모두 치과의사가 되어 미국에 살고 있다 한다.

나는 내 후배가 기러기가 되겠다 하면 반대한다. 정 주장하면 이 사례를 들려준다. 사는 게 뭐냐, 우리의 삶이 무엇이 되려고 하는 것이냐, 가족이란 무엇인가, 함께 산다는 것의 의미는 무엇인가를 진지하게 스스로에게 물어볼 필요가 있다.

우리 사회가 남과 비교하고 남의 삶에 관심이 많고 남에게 과시하고 성공하지 못한 사람을 무시하고 갈등을 주는 사회임은 분명하다. 이런 사회에 자신도 살아남고 자녀들도 잘되게 하기 위해 인생의 황금기를 기러기로 살고 아이들은 소중한 성장기를 타국에서 친구들과 떨어져 보내게 된다. 우리 사회에서 죽을 때까지 힘이 되는 친구들은 대개 고등학교 동창들이다. 훗날 그들과 만나 갈등을 해소하고 하소연하고 동질성을 확인하는 기회를 자녀들은 상실한다.

제 밥도 못 챙겨 먹고, 3대가 공을 쌓아야 주말부부가 된다는 우스갯소리도 이해하지 못할 정도로 순진했던 그 친구는 기러기에 적합하지 않았다.

역지사지 : 서로의 입장을 생각하자

나는 무엇을 위하여 사는가? 나의 존재이유는 무엇인가?

바쁜 생활에 쫓겨 잊고 살았던 당신에게 이러한 본질에 대한 질문은 당신을 혼란스럽게 만들 것이다. 그 답은 각자의 인생관에 따라 다르겠지만, 그 답이 본질적 의미에서 행복의 추구를 의미한다는 데는 이견이 없을 것이다. 신은 인간에게 '쾌'와 '불쾌'를 동시에 주었으나 사람은 불쾌를 싫어하고 쾌를 탐하는 마음이 있다.

'그 쾌를 추구하는 마음이 공리이다'라는 '공리주의'의 명제는 모든 사람의 삶의 의미를 형성하는 데 절대적으로 작용할 수밖에 없다. 그 추구의 방법론은 각자의 지식이나 경험, 환경에 따라 달라지겠지만, '행복추구'가 삶의 목적인 것은 동일하다. 왜냐하면 '불행'을 추구하는 인간은 거의 없기 때문이다.

우리는 행복추구를 위한 수단으로 직업을 가진다. 직장을 다니고, 사업을 영위하며 돈을 벌고 있다. 그러나 환경이 변화하고 직업생활이 요구하는 수준이 높아짐에 따라, 쉽게 말하면 돈벌이가 어려워짐에 따라, 돈을 벌기 위해 삶의 모든 부분을 송두리째 투자하고 있다.

이것은 행복추구를 위해 직업을 선택한 본래의 목적과는 전혀 다른

'본말전도'가 일어나고 있음을 의미한다. 회사에서의 고민과 스트레스를 집에 가져와 부인과 자녀에게 함께 자신의 직장생활을 고민하도록 강요하고 있다. 내일 아침의 출근을 위해 자신의 결혼기념일을 못 챙기는 경우, 심지어는 쓰러지기 전까지는 병원에 갈 여유도 없는 것이 지독한 본말전도의 현상이다.

직장은 '행복을 추구'하는 사람들의 모임이다. 그들의 삶의 터전인 직장은 가정을 어떻게 보고 있는가? 대부분의 회사는 가정의 중요성을 강조하고 있다. 가정생활이 원만해야 일을 잘 한다는 말은 가정생활을 행복추구의 장으로 인식하는 것이 아니라, 놀랍게도 가정을 수단으로 보고 있다. 직장에서 가정의 의미는 일하는 데 걸림돌이 되지 않아야 하는 데에 모든 가치를 두고 있다.

어떤 직원이 야근을 거절하는 이유로 가사분담을 든다면, 그 사람은 직장에서 손가락질을 받게 될 것이다. '병신'이라는 별명이 그를 따라다닐 것이다. 회사가 가정생활의 중요성을 강조하면 할수록 그 회사 직원은 '가정생활을 위하여'라는 말은 거의 할 수 없게 되어 있다. 그 말 자체가 자신의 가정관리의 모자람을 온 천하에 공표하는 행위이기 때문에 그 말은 금기시된다. 이것이 이율배반이 아니고 무엇이랴?

필자가 큰딸에게6학년 물어보았다. "우리 집은 어떠냐?"고. 그 답은 내 기대와는 달리 엄마의 신경질과, 아빠의 협박과, 동생의 짓궂음이 전부라고 한다.

엄마의 신경질의 이면에는 자식에 대한 욕심이 있고, 아빠의 협박에는 올바른 가정교육을 실행하려는 의도가 있다는 것을 알아내기에는 아직 어리다는 것을 알지만, 짐짓 서운한 마음은 어쩔 수 없다.

오늘날 우리의 가정은 어떤가? 바쁘다는 미명하에 설명 없이, 아니 그런 교육과 기대를 가지고 행한 것이 아니라, 그저 자신의 감정을 여과 없이 뿌려 놓았던 것은 아닌가?

직장생활에서만 본말전도를 하고 있는 것이 아니라, 가정생활에도 '부인을 위해, 자녀를 위해'라는 명분 아래 자신이 하고 싶은 대로 마음대로 폭력과 욕설과 선물과 달램을, 직장에서 배운 '당근과 채찍'이라는 전근대적인 인사관리기법을 가정 관리의 수단으로 사용하지 않았던가?

가정은 '사회화 과정'의 첫 단계이다. 성인의 성격과 행동 양식은 자신들의 가정에서 최초로 형성되었으며, 그것은 자신의 평생을 통하여 두고두고 영향을 미친다.

우리의 자녀도 마찬가지이다. 그들은 부모의 행동양식에서 남자가 해야 할 일, 여자가 해야 할 일, 부부가 해야 할 일을 있는 그대로 보고 배운다. 필자도 이제야 알았다. 또한 내가 편한 대로 행동하는 것이 이 사회에 얼마나 좋지 않은 영향을 끼치게 될 것인지를….

점차 사회가 신경질적이 되어가고, 폭력적으로 되어가는 것은 우리 성인의 행동을 보고 배운 자녀들이 점차 늘어가고 있음을 논증적으로 보여주고 있다. '실존은 본질에 우선한다'라는 실존주의는 특히 우리 사회를 망쳐 왔다고 생각한다.

어떻게 살아야 한다는 깊은 생각 없이, '아무렇게나 되는 대로, 생각하면 귀찮고 골치 아프니 되는 대로 살자'라는 '본질'을 잊어버린 삶은 점점 더 황폐의 길로 접어들고 있다.

이제 '본질'로 회귀해야 할 때다. 우리의 할아버지가 그랬던 것처럼.

부부는 무엇인가? 나는 왜 결혼을 했는가? 자녀는 나에게 어떤 의미를 주는가? 어떻게 가르치는 것이 좋은가? 등의 본질적 생각으로 자신의 삶을 본질에 맞게 설계하고 실행할 때 올바른 가정생활이 이루어진다. 이렇게 되면 굳이 '가정의 달'을 만들어 사람들의 불감증을 깨우칠 필요도 없지 않을까?

가정에서의 모든 일은 부부 사이에서 일어나는 일이 대부분이다. 매일 술을 먹고 늦게 귀가해서 말다툼할 때, 남편은 '사회생활의 어려움'을 토로하고 아내는 남편의 '무심함'을 한탄한다. 계속되면 남편은 '변명'을 찾기에 열중하고 아내는 정보과 형사처럼 '감시'의 안테나를 높이 세우고 점점 더 영악한 '고독한 감시자'가 되고 그 와중에서 자녀들은 간간히 튀어 나오는 '이혼'이라는 단어 속에서 불안한 자신들의 미래에 떨고 있다.

자녀들은 생각한다. 어릴 때 읽었던 동화책 속의 계모, 계부가 이야기 속의 일만이 아니라 자신에게 현실로 다가오는 것이라고….

바른 부부생활을 위해 먼저 배우자를 사랑하라! 그가 가진 모든 것을 사랑하라! 잠을 설치게 하는 코골이도 삶의 무게와 자기를 사랑하는 배우자의 노력으로 보면 그 소리가 어찌 쇼팽의 피아노 콘체르토 1번보다 아름답지 않을까?

아내를 온통 사랑하면 아내의 모든 것이 아름다워 작은 키는 앙증맞고, 풍만한 체구는 포근한 안도감을 준다. 클래식을 좋아하면 고상해 보이고, 랩을 듣고 있으면 시대를 앞서가는 진취적 여인으로 보이고, 잔소리는 배려로, 바가지는 기대로 들리게 된다.

배우자를 사랑할 수 없다면 존경하라! 그가 하는 모든 행위를, 그 누구도 할 수 없는 행위를 하는 것을 존경하라.

몸도 약하지만 매일 우리의 행복을 위해 자신의 몸을 던져가며 윗사람에게도 아랫사람에게도 친절하고 사려 깊게 행동하는 그 사람이, 이기지 못하는 술을 먹고, 대문에 기대 기어들어 온다. 그이의 숙취 뒤엔 우리에 대한 사랑과 사회에 대한 기여와 주위사람에 대한 배려와 이해가 뒤엉켜 그의 머리와 속을 어지럽히고, 그는 그 고통 속에 삶의 의미를 고뇌하고, 인간답게 살려고 노력하고 있는 것이 보일 때, 자리 속에서 풍기는 '술 냄새'는 샤넬 향수보다 못할 게 없다.

아내를 존경하라! 누가 당신에게 그녀보다 더 나은 배우자를 점지해 줄 수 있을까? 아내의 생활의 지혜와 아이들을 훈육하는 방법과 당신이 잊고 살았던 감성을 깨우쳐 주는 '생활 철학자'인 아내를 존경하라! 당신이 기분에 들떠 'GO!'를 외칠 때 그녀는 돌아오는 제삿날 수어首魚를 생각한다.

존경할 수 없다면 배우자에게 감사하라! 그녀가 생각하는 모든 행위의 방향이 우리 가정의 행복을 위해 존재함을 잊지 말고 감사하라! 남이 나에게 사소한 일을 해주어도 감사를 표하는데 배우자가 당신에게 하는 일은 그보다 백배는 더 고마운 일이 아니더냐?

감사의 마음도 생기지 않으면 그때는 자신의 의무를 생각하라! 자신의 행위에 대한 책임은 성인이면 누구나 가져야 하는 기본이다. 자신의 결혼선택, 자녀의 출산, 후천적으로 맺어진 인간관계, 가족관계 속에서 주위의 사람이 바라는 '역할기대'를 충족시켜 주어야 한다.

의무도 사라졌다고 생각되면 위기의 가정인데, 그때는 봉사하라! 낯도 모르는 사람에게도 자원봉사를 하는데 하물며 살을 맞대고 살아온 배우자에게 봉사 못할 일이 없지 않은가? 사해동포를 위해 '멸사봉공'하기 전에 자신의 배우자에게 봉사하라! 이제 더 이상 제언할 게 없는 듯하다. 부부 사이의 일은 아무도 모른다고 한다. 자기 가정에서 유일한 타성받이인 아내는 여러분의 '구세주'이다. 사랑하라! 죽을 때까지….

자라며 불쾌한 기억을 가진 사람은 그 기억에 시달리게 된다. 정신분석학의 심리치료의 시작은 유년기의 기억으로부터 출발하는 것임은 주지의 사실이다. 부모의 신경질과 폭력과 불안 속에 살아온 자녀들이 가정을 가지려 할까?

이제 성장한 자녀가 "나는 독신으로 살거야!"라고 선언하면 그 부모의 가정생활은 그리 만족스럽게 보이지 않았을 것이다.

"나도 빨리 결혼하고 싶다"고 말하면 바람직한 것이고, "내 자녀가 바란다면 독신도 무방하다"고 말한다면 자신이 결혼생활에 염증을 갖고 '의무'로 '봉사'로 생각하고 있음을 미루어 짐작하게 한다.

사랑합시다! 당신의 아내를, 남편을, 자식들을…

(1998년 LG전자 사보에 1년간 칼럼을 쓸 때 기고한 글)

6장은 문자 그대로 Tip이다. 직급별로 갈등관리의 활용법과 주안점에 대해 나의 경험에 따라 적어 보았다. 이 팁들은 세상이 바뀌면 따라 변할 것이다.

류현진의 다저스 사례는 현재 여러분 주변의 사건을 배운 것을 바탕으로 분석해 보는 예를 제시한 것이다. 독자 여러분도 주변의 사건 사고 케이스들을 관찰하고 이 책의 구성대로 분석해 보시길 권해드린다. 알면 무엇 하나. 실천하여 도움이 될 수 없으면 머리만 복잡해진다.

6_ 갈등관리 Tips

1. **반대자를 무장해제시킨다**
   - 포수도 품에 들어 온 새는 잡지 않는다

2. **분노전략 : 화를 내고 분노를 발산시켜라/피드백 비법**

3. **기다림의 미학 : 난 카타르시스를 느끼려 하는데 왜 자꾸 방해를 하는 것이냐?**
   - 갈등이 사라질 때를 기다리라

4. **직장인의 갈등관리**
   - 직책별 갈등관리, 어떻게 해야 하나?

5. **갈등 · 협상 · 커뮤니케이션의 관계**

6. **어느 기러기 아빠의 죽음**
   - 고독사

7. **역지사지 : 서로의 입장을 생각하자**

7
전체 정리

정리, 확인 Wrap-up

나는 산업교육을 하는 사람이다.

'갈등관리'를 에세이 형식으로 쉽게 풀어 기술했지만 배운 게 도둑질이라고 내용을 다시 한 번 정리하고 독자들이 확실히 이해했는지 확인하지 않고서는 넘어가기 힘들다.

7장에서는 연습문제를 기억을 더듬어 풀어보기 바란다. 요청이 있으면 내가 강의 때 사용한 PPT자료를 제공하겠다.

이 자료는 수십 년 강의를 진행하면서 개발한 것이기에 사용하려면 소정의 절차를 밟아서 진행하기 바란다.

정리문제

이 글을 읽은 사람들은 무난히 적을 수 있는 문제들이다. 생각나는 대로 펜을 들고 답하기 바란다.

1) 갈등의 정의를 쓰시오.

2) 갈등의 순기능 중 2개만 든다면?

3) 갈등의 역기능 중 2개만 든다면?

4) 선택갈등에서 Approach의 의미는?

5) 선택갈등에서 Avoidance의 의미는?

6) 역할갈등의 해결책은?

7) 집단갈등의 요인은?

8) 갈등의 이면에는 무엇이 있는가?

9) 사람들이 갈등에 빠졌을 때 자기를 지키기 위해 심리적으로 발동하는 기제는?

10) 사람들이 좌절에 빠졌을 때 나타내는 반응 두 가지는?

11) 갈등의 원천 중 가장 많은 것은?

12) 선거철이면 나타나는 갈등은?

13) 가지고 있는 자원을 공개하면 해소되는 갈등은?

14) 갈등을 가진 사람이 오픈하기 전에는 모르는 갈등은?

15) 사람들이 습관적으로 갈등을 관리하는 방법은?

16) 어린아이들 싸움에는 어떻게 대처하는 게 좋은 갈등관리 방법인가?

17) '품속에 들어온 새는 잡지 않는다'라는 속담을 이용하는 방법은?

18) 사람을 이해하는 정도의 수준은?

19) 서로의 생각을 교환하는 갈등해결 방법은?

20) 대면과 문제해결의 프로세스는?

에필로그

이제 정리는 끝났다. 수많은 사람들의 사례를 읽으면서 공감하고 딱해서 안타까워하며 채점하던 기억들이 새록새록하다. 온라인에서 채점하면서 좋은 점수를 주지 못한 사람들도 생각난다. 같은 답안이 올라왔을 때 누가 원전인지 몰라도 모두에게 기본점수 처리한 사람들에게도 미안함을 느낀다. '개인이 최근 가장 크게 갈등상황에 빠졌던 경험을 기술하고 수업에서 배운 방법을 사용하여 그 결과를 분석 정리하여 발표하라'가 최종문제였다. 나는 모든 답안을 빠짐없이 다 읽었다. 수만 명의 생생한 스토리를.

그러면서 나도 성숙되어 갔다. 이 세상은 여러 가지 생각을 가진 사람들이 함께 살아가는 곳이며 그들의 노력과 땀과 좌절은 가치 있는 것이며 그들의 경험이 후세 사람들에게 도움이 될 것을 믿어 의심치 않는다.

■ **김두열**
연세대학교 문과대학 교육학과 졸업
현) 경희대학교 언론정보대학원 겸임교수
Learning Networks 대표
강의, 컨설팅
임원코칭과 집필에 주력

전) 선경그룹 경영기획실 입사
SK Academy 팀장 역임
한국능률협회 교수
국무조정실 교수 역임

갈등관리

알고 보면 쉽게 풀 수 있다

|저 자| 김두열

|1판 1쇄| 발행 2014년 8월 27일
|1판 2쇄| 발행 2014년 9월 11일
|1판 3쇄| 발행 2014년 9월 15일
|1판 4쇄| 발행 2014년 9월 25일
|1판 5쇄| 발행 2014년 9월 30일
|1판 6쇄| 발행 2015년 4월 10일
|1판 7쇄| 발행 2018년 11월 19일

|발행인| 김 동 훈
|발행처| 공 동 체

|주소| 경기도 고양시 일산동구 호수로 358-39, 동문타워 I 905호(백석동)
|전화| 031) 920-8305(대표)
|팩스| 031) 920-8308
|e-mail| compub@naver.com
|출판등록| 2005년 10월 6일
|등록번호| 제396-2005-36호

|ISBN| 978-89-6352-674-4
정가 15,000원